Martin Walser

Ein fliehendes Pferd

Von Olaf Kutzmutz

Philipp Reclam jun. Stuttgart

RECLAMS UNIVERSAL-BIBLIOTHEK Nr. 15373

Gesamtherstellung: Reclam, Ditzingen
Printed in Germany 2006

ISBN-13: 978-3-15-015373-4
ISBN-10: 3-15-015373-5

www.reclam.de

Inhalt

1. Erstinformation zum Werk

Literarischer Durchbruch

Lange musste Martin Walser warten, bis ihm nach allseits geschätzten Romanen wie *Ehen in Philippsburg* (1957) oder *Halbzeit* (1960) der Durchbruch auf breiter Leser- und Kritikerfront gelang. Und das mit der literarischen Kleinform Novelle, zudem mit einer »Geschichte von betont antisensationellem Zuschnitt, einer wahren Orgie [...] an Normalität«, wie Reinhard Baumgart im *Spiegel* am 27. Februar 1978 bemerkt. Baumgart sieht Walsers Novelle darüber hinaus als Zäsur im Gesamtwerk des Autors, gleichsam als »Anfang zu etwas unerwartetem Neuen«.

Ein fliehendes Pferd schreibt Walser Anfang August 1977 in drei Wochen als »schlichte Sommerarbeit« (Walser) nieder, die er zwischen seinen Romanprojekten *Jenseits der Liebe* und *Seelenarbeit* einschiebt. Ab dem 24. Januar 1978 erscheint die Novelle als Vorabdruck in der *Frankfurter Allgemeinen Zeitung* und knapp einen Monat später bei *Suhrkamp* als Buch.

Ein fliehendes Pferd ist nur auf den ersten Blick eine harmlose Feriengeschichte, die von der zufälligen Begegnung zweier Paare am Bodensee erzählt. Die Männer kennen sich aus Schul- und Studienzeiten und sehen sich nach über zwanzig Jahren wieder. Dem introvertierten Studienrat Helmut Halm ist das Wiedersehen unangenehm, weil ihn der freie Journalist Klaus Buch an Szenen seiner Jugend erinnert, die er lieber vergessen möchte. Buch hingegen ist überaus erfreut, mit seinem alten Kameraden in der Vergangenheit zu wühlen. Nach außen hin freundlich, so gut es geht, wächst unterschwellig die Aggression. Gemeinsam mit ihren Frauen versuchen Halm und Buch als erfolgreich und potent in einem umfassenden Sinne zu erscheinen. Erst am Schluss und nach einer lebensgefährlichen Bootspartie fallen die Masken beider Männer, ihre nach außen und innen gewandete Flucht wird sichtbar – ein Thema, das schon der Titel der Novelle symbolträchtig hervorhebt.

Männer auf der Flucht

Leistung ist alles

Die beiden Mittvierziger leiden daran, dass Leistung auf allen Ebenen zur Maxime erhoben wird, und zwar vom Beruf bis in die Intimsphäre hinein: »Wer den Sexualitätsgeboten dieser Zeit und Gesellschaft nicht genügte, war praktisch ununterbrochen am Pranger. Die Druckwaren sorgten dafür« (66). Walser führt mit Helmut Halm und Klaus Buch Figuren vor, die diesem Leistungsideal nicht entsprechen, aber zumindest glücklich und erfolgreich wirken möchten – ihre innersten Wünsche haben indessen nichts mehr mit ihrer ungeliebten Rolle auf dem Lebenstheater zu tun. Was Walsers Hauptfiguren bewegt, spiegelt nicht nur die späten 70er-Jahre wieder, sondern reicht bis in die Gegenwart hinein, insofern es um die Suche nach Identität und einem anerkannten Platz in der Gesellschaft geht. Zur Aktualität seiner Novelle hat sich Walser rund 25 Jahre nach deren Publikation wie folgt geäußert: »Bücher, die einmal gestimmt haben, stimmen solange als die Menschen sich nicht ändern. Die Zahlen, neues Jahrhundert, neues Jahrtausend täuschen einen Wandel vor, den es nicht gibt. Nach meiner Erfahrung. Äußerlich verändert sich mehr als innerlich. Was Helmut Halm und Klaus Buch voreinander verbergen, gehört, glaube ich, immer noch zu unserem Bewußtseinstheater.«[1]

Mittlerweile sind mehr als eine Million Exemplare der Novelle verkauft und Fassungen fürs Theater, den Hörfunk und das Fernsehen erstellt. Nicht zuletzt der Publikums- und Kritikererfolg dieser Novelle ebnete Walser den Weg zum Büchner-Preis, den er 1981 erhielt.

2. Inhalt

Martin Walser erzählt in seiner Novelle von zwei Ehepaaren, die sich an einem Ferienort am Bodensee zufällig begegnen. Die beiden Ehemänner, Helmut Halm und Klaus Buch, kennen sich von der Schule und vom Studium her und haben sich seit rund zwanzig Jahren nicht mehr gesehen. Mit den männlichen Hauptfiguren treffen zugleich »entgegengesetzte Lebensanschauungen« (7) aufeinander, wie schon das Motto Kierkegaards andeutet. Der grübelnde Intellektuelle, der möglichst wenig von seinem Inneren preisgeben möchte, trifft auf den dynamischen Macher-Typ, der bis zum seelischen Exhibitionismus in gemeinsamen Erinnerungen kramt. Erst nach einer gemeinsamen Segeltour auf Leben und Tod bröckelt die Fassade aus Lebenslügen – beide Männer sind auf unterschiedliche Weise am Ende.

Unter Braungebrannten

1. Am dritten Tag ihres Urlaubs am Bodensee besuchen Helmut Halm und seine Frau Sabine wie jeden Abend die Uferpromenade und kehren in einem Café ein. Während sich Sabine genussvoll ihrer Schaulust hingibt und die meist jüngeren und braungebrannten Promenierenden beobachtet, wünscht sich Helmut in die Ferienwohnung zurück. Dort warten schließlich fünf Bände mit Tagebüchern des Philosophen Kierkegaard auf ihn, die er während des Urlaubs unbedingt lesen möchte. Das Leben pulsiert um Helmut und Sabine herum, und die beiden wirken in diesem Strom von Urlaubern wie ein »alt werdendes Paar, das stumm auf Caféstühlen sitzt« (12).

Die Halms leben in Stuttgart und sind treue Bodenseegäste. Seit elf Jahren mieten sie jedes Jahr für vier Wochen die Ferienwohnung der Zürns. Am Verhältnis zu den Vermietern genießt Helmut, dass sie über die Jahre nicht mehr Gemeinsamkeiten als die Vorliebe für das gleiche Haustier, einen Spaniel, entwickelt haben. Helmut ist Studienrat und wird in der Schule »*Bodenspecht*« (12) genannt, weil er bei Gesprächen seinem Gegenüber in der Regel »auf die Schuhbeziehungsweise Zehenspitzen« (20) blickt. Er mag es nicht, wenn man ihn auf solche Weise durchschaut. Deswegen möchte er am liebsten unerkannt bleiben und unerreichbar sein, um »seine wirkliche Person in Sicherheit zu bringen« (13). Und so probt er in den Ferien immer seine »Urlaubsrolle« (15), die ihn vor solcher Intimität schützen soll.

Während die Halms mit ihrer Hündin Otto im Café sitzen, wächst in Helmut mehr und mehr die Unruhe. Er möchte aufbrechen. Die wenigen Sätze, die das Ehepaar miteinander wechselt, versuchen bei aller offenbaren Distanz das Gemeinsame zu betonen. So glaubt Sabine, beide hätten »schon das Spanielgesicht« (17), was Helmut ärgert. Insgesamt führt der Erzähler die Halms als ein reiferes Paar ein, das sich während der Ehejahre schon das meiste gesagt zu haben scheint.

2. Die gespannte Situation zwischen den Halms durchbricht Klaus Buch mit seiner Frau Helene, genannt Hel. Helmut hält den vital und jugendlich wirkenden Klaus zunächst für einen ehemaligen Schüler, erinnert sich dann aber schleppend an jenen Klaus, der einst sein »Schulkamerad und Jugendfreund und Kommilitone« (20) war und nun wie er Mitte vierzig sein müsste – 23 Jahre liegt die letzte Begegnung der beiden zurück. Klaus ist blond, gebräunt und sportlich, seine achtzehn Jahre jüngere Frau Hel wirkt ebenfalls attraktiv. Die Buchs machen seit drei Jahren regelmäßig ganz in der Nähe der Halms Urlaub, in Maurach, aber damit enden die Gemeinsamkeiten fast schon: Bevorzugen die Buchs das Segeln, so liegen die Halms »lieber faul am Wasser« (22). Während Klaus Buch Details und Intimitäten der gemeinsamen Schulzeit erinnert und im Café freudig ausbreitet – Halms häufige Mandelentzündungen, seine frühpubertäre Nietzschelektüre –, hat Helmut Probleme, sich so lebhaft wie Klaus zu erinnern. Helmut »durfte gar nicht sagen, wie fremd er diesen Klaus fand« (25). Trotzdem bemüht sich Helmut, die Rolle des alten Kameraden zu spielen, der nach vielen Jahren unverhofft einen Schulkollegen wiedertrifft. Dabei hilft Helmut sein Hang zur »Verstellung« (20), der auch seine Triebe reguliert – bis auf das eine Mal, als er sich nicht unter Kontrolle hatte und eine Schülerin anfasste. Das aufgeregte Gespräch über die gemeinsame Jugend mündet in eine Einladung zum Abendessen, die Klaus Buch ausspricht.

Die hyperaktiven Buchs

3. Helmut sieht Klaus' Wunsch, sich an frühere Zeiten erinnern zu wollen, als eine Art »Kriegskameradenphänomen« (27). Klaus scheint euphorisch, Helmut sieht distanziert und skeptisch auf das nur scheinbar verbrüdernde Damals. Erstehen die alten Zeiten bei Klaus Buch in schillernden Farben, so tritt Helmut Halm das Gewesene nur holzschnittartig vors innere Auge: »In seinen Erinnerungsbildern herrschte eine Leblosigkeit wie nach einer Katastrophe« (28). Generell verspürt Helmut »eine Art Ekel« (27), wenn er an Vergangenes denkt. Wie verschieden die Lebensentwürfe der Paare sind,

Alte Kameraden

zeigt sich an den ungleichen Vorlieben im kulinarischen Bereich. Lieben Helmut und Sabine den Wein, so bekennen sich Klaus und Hel zum Mineralwasser und machen den Halms Vorhaltungen in puncto Ess- und Trinkgewohnheiten sowie Rauchen. Klaus beendet den Abend in den *Hecht*-Stuben, indem er für alle bezahlt und die Pläne für den nächsten Tag bekannt gibt. Ein weiteres Treffen der Paare soll nach dem morgendlichen Sport der Buchs stattfinden. Sieht Helmut das Wiedersehen mit gemischten Gefühlen – was bindet ihn noch an diesen Klaus, mit dem er irgendwelche Erinnerungen an eine Jugend zwischen elf und dreiundzwanzig teilen soll? –, so findet seine Frau das drahtige Pärchen »erfrischend« (34).

Da Helmut nicht einschlafen kann, schreibt er in der Nacht einen Brief an Klaus, den er jedoch nicht abschicken will. In diesem Brief offenbart er sein Maskenspiel gegenüber seinem ehemaligen Freund: die freundliche Fassade, hinter der sich keine Spur von Seelenverwandtschaft verbirgt. Scheint Klaus alles aussprechen zu wollen, so hält Helmut nichts von Offenbarungen und schlägt – im Brief – vor, auf weitere Treffen zu verzichten. Nach Niederschrift des Briefes fühlt sich Helmut erleichtert.

Helmuts Brief

4. Die Halms machen sich am nächsten Tag auf den Weg zu den Buchs. Sabine lässt ihren Spaniel Otto in der Ferienwohnung, da sich Klaus vor Hunden ekelt. Helmut missbilligt diese Rücksicht Sabines als eine »Unterwerfungsgeste« (39). Bei den Buchs angekommen, werden die Halms zum Unwillen Helmuts zu einem Segeltörn auf dem Bodensee eingeladen. Während die Buchs ihr Können als Segler zeigen, fühlen sich Helmut und Sabine wie ein ängstliches

»Großelternpaar« (40) – pure Aktivität begegnet auf diesem Boot dem Inbegriff der Trägheit. Nach seiner Karriere befragt, malt Klaus zunächst ein Schreckbild des Lehrerdaseins. Als »Erzieher« (42) wäre er vermutlich dem »Trott« des Lehrerberufs erlegen und ein »schicksalloser Kleinbürger« geworden. So ist er lieber Öko-Journalist und Buchautor mit dem Spezialgebiet Ernährungsfragen geworden. Unter anderem arbeitet er fürs Fernsehen. Und die Halms? Sie sehen selten fern und lesen abends lieber. Haben die Buchs schon einige »harmlose Büchlein« (43) geschrieben – auch Hel ist Buchautorin –, so arbeitet Helmut immer noch an seinem ersten.

Wer ist erfolgreicher?

Klaus hat zum zweiten Mal geheiratet, seine erste Frau Herta habe ihm nicht genügend Freiheiten gelassen. Seine zweite Frau Hel sieht er als »rohes junges Ding« (46). Die Trennung von den Kindern sei ihm zwar schwer gefallen, mit Hel sei er sich jedoch einig, kinderlos zu bleiben. Die Halms haben zwei Kinder und einen Hund, Klaus Buch hingegen schwört auf »Unabhängigkeit«: »Sie müßten, wenn ihnen vormittags einfalle, nach Teneriffa zu fliegen, mittags ihr Häuschen in Starnberg verlassen und abends in Los Rodeos landen können, sonst habe er einfach das Gefühl, eine Küchenschabe zu sein« (49 f.). Klaus Buch kommt aus reichem Hause und erinnert sich an Helmut als »Klassenkämpfer«, der ihn um solchen Besitzstand zu beneiden schien. Klaus hatte deshalb keinen einfachen Stand in der Klasse – einziger Ausgleich für ihn: pubertäres Messen des Geschlechts bei der Gruppenonanie oder anderen »Fingerübungen der kleinen Männer« (54), bei denen Helmut schlechter abschnitt. Die peinlichen Jugenderlebnisse, die Klaus bildreich heraufbeschwört, überschreiten für Helmut jegliche Schamgrenze, aber er lässt sich nichts anmerken und stimmt in die allgemeine Heiterkeit ein. Nach der Segelpartie versucht Helmut vergeblich, weitere Treffen mit den Buchs abzuwenden: »Wir holen euch ab, rief Klaus Buch. Es klang wie eine Drohung« (56). Auf dem Weg nach Hause wird deutlich, wie wenig Helmut – im Gegensatz zu Sabine – von gemeinsamer Urlaubszeit mit den Buchs hält.

5. Es ist Montagabend, als die Buchs die Halms abholen. Helmut hat Sabine gedrängt, zeitig vor dem Haus zu stehen, da er die Buchs keinesfalls in die Wohnung lassen möchte. Die von Helmut mühsam aufrechterhaltene Fassade der Freundlichkeit bröckelt mehr und mehr. Helmut gelingt es, trotz Hundehasser Klaus den Spaniel mitzunehmen und schnurstracks in eine Weinstube einzukehren: »Halms tranken Wein, Buchs tranken Wasser« (60). Wie gewohnt verläuft das Treffen mit Haken und Ösen, aber alle Mitspieler bewahren weitgehend Haltung. Für den nächsten Morgen setzt Klaus eine gemeinsame Wanderung an, wenn die Halms schon nicht mit den Buchs Tennis spielen möchten. Die Halms sind am Abend wieder in ihrer Wohnung, als sich Helmut im Bett an einen Abend vor zwölf Jahren in einem italienischen Hotel erinnert. Das laute Treiben aus dem Nebenzimmer ließ damals die Halms sexuell erstarren und vor Peinlichkeit und gebanntem Zuhören jegliche eigenen Aktivitäten vergessen. Während sich Helmut schwerwiegenden Gedanken über sexuellen Leistungsdruck, über Schein und Sein und das Leben an sich hingibt, liest seine Frau im Bett. Als Sabine versucht, Helmut zu einer lustvollen Nacht zu animieren, lehnt er ab, und sie zieht sich gekränkt in den Schlaf zurück.

Alles Fassade?

Lust als Leistungsdruck

6. Die Buchs holen die Halms am nächsten Morgen zur Wanderung auf den Höchsten ab. Die Stimmung bei den Halms ist wegen der missglückten letzten Nacht deutlich gedrückt. Helmut zeigt sich als schlechter Fremdenführer und so scheitert das Unternehmen an seinen dürftigen Ortskenntnissen und dem einsetzenden Regen. Klaus rät zur Umkehr, die Frauen folgen ihm – eine bittere Niederlage für Helmut. Erst als die Gruppe durch strömenden Regen an einem Aussichtslokal eintrifft, hat Helmut seine Gefühle »wieder unter Kontrolle« (80). Er redet locker ironisch mit Klaus über seine Fehlleistungen bei der Wandertour, obwohl in ihm der Hass auf den smarten Siegertyp Klaus überzukochen droht. Als Klaus erfährt, dass sie schon nach einer Stunde Wanderung auf dem Höchsten angelangt sind, erntet Helmut Spott für diesen unterfordernden Kurztrip. Die Spannungen setzen sich beim Essen im Lokal fort, ohne dass der Streit eskaliert. Auf dem Rückweg zeigt sich, dass selbst ein Thema wie die Dürreprämien der Bauern Baden-Württembergs geeignet ist, die unterschiedlichen Lebensentwürfe des Lehrers und des »Sohns eines Patentanwalts« (85 f.) zu offenbaren.

Ein fliehendes Pferd

Kurz nach Unterhomberg begegnet der Gruppe ein fliehendes Pferd. Klaus gelingt es, das überaus wilde Tier zu bändigen und seinem Besitzer zurückzugeben. Im unausgesprochenen Wettbewerb mit Helmut hat Klaus einen weiteren Sieg errungen. Helmut lässt sich in Gesellschaft dennoch nichts anmerken und quittiert die Geschenke der Buchs – zwei Taschenbücher aus der eigenen Produktion – gefasst: »Nun könne es Krotten hageln von ihm aus, er sei so gespannt auf diese Bücher, daß er sich die nächsten Tage nicht aus der Wohnung herausbewegen werde« (93). Helmuts gespielte Begeisterung für die Bücher bewahrt ihn nicht davor, dass die Buchs ein weiteres Treffen für den Abend ansetzen.

7. Helmut und Sabine Halm erwarten die Buchs im Vorgarten ihrer Ferienwohnung und gehen mit ihnen essen. Die Gespräche der beiden Ehepaare vermitteln eher Wunschbilder, als dass sich in ihnen ansatzweise die Wirklichkeit ausspräche. Stilisiert Sabine ihren Helmut zum Arbeits- und Bildungshelden, so sonnen sich die Buchs im Gegenteil. Klaus hält das Leben für »zu kurz, als daß man es mit Arbeit vergeuden dürfe« (97). Und beide Buchs kommen zu dem Schluss, dass Arbeit die Erotik ersetze, sie vernichte. Helmut betrinkt sich, während die Buchs von ihren vitalen Eltern und Hels neuem Buch erzählen, für das Hel »schon siebenunddreißig Bänder voller Großmütter« (101) mit Interviews der jeweils dorfältesten Frauen gefüllt hat. Für den nächsten Nachmittag sind Klaus und Helmut zu einer Segelpartie verabredet, während die Frauen ihren Geschäften nachgehen sollen: Hel macht eine Tour zu weiteren Großmüttern, und Sabine geht zum Friseur. Auf dem Heimweg – mittlerweile sind beide Halms angetrunken – fasst Helmut den Abend mit den Buchs zusammen: »Zum Glück können sie uns mehr als den Urlaub nicht verderben […]. Starnberg ist zu weit« (102). Trotz aller Differenzen zu den Buchs fühlt sich Helmut von Hel angezogen, Sabine von Klaus.

Arbeit und Erotik

8. Klaus Buch holt Helmut Halm mit dem Auto zum Segeln ab. Schon im Auto wird deutlich, dass Helmut die offensive Freundlichkeit von Klaus nicht erwidern kann. Lobt Klaus den Tag, den die beiden allein verbringen dürfen, so ist Helmut reservierter. Der Bodensee zeigt sich für die Segelpartie zunächst völlig wellen- und windlos. Klaus nutzt die Windstille, um Helmut von waghalsigen Segelpartien in der Ägäis und anderswo zu erzählen: »Anbinden mußten sie einander, sonst wären sie über Bord gespült worden« (107). Klaus redet mit Helmut über Frauen, Lebensfreude, den Wunsch, brillant zu bleiben, und sucht in Helmut einen Partner, der mit ihm seinen Lebenshunger teilt. »Wir sollten«, sagt Klaus, »bevor wir fünfzig sind, noch einmal vom Stapel laufen« (110). Die Begeisterung und Natureuphorie von Klaus unterbricht eine Bö, die zum Handeln zwingt. Ein Gewitter zieht plötzlich auf. Möchte Helmut den Ausflug möglichst schnell abbrechen, so will Klaus das wilde Leben auf dem See spüren. Das Boot droht zu kentern, aber Klaus scheint in seinem Element. Helmut schlägt ihm in einer brenzligen Situation in schierer Angst um sein Leben die Pinne aus der Hand – und Klaus geht über Bord. Während Helmut im Unwetter mit dem Boot ans Ufer gelangt, sucht die Wasserschutzpolizei nach Klaus Buch. Sabine und Helene werden telefonisch von dem Unglück unterrichtet.

Lebensflaute und Lebenssturm

9. Helmut und Sabine bedrückt in ihrer Ferienwohnung die Ungewissheit, ob Klaus das Unglück überlebt hat. Der gestrige Sturm hat drei Personen das Leben gekostet, berichtet die Zeitung. Helmut treibt die Schuld an Klaus' möglichem Tod um: »Wenn der sein verrücktes Rodeo weitergemacht hätte, wären wir gekentert« (129). Auf den Spuren von Klaus Buch stürzen sich Helmut und Sabine in sportliche Aktivitäten, kaufen Fahrräder und Sportkleidung. Hel weiß ebenfalls noch nichts Neues und besucht die Halms, weil sie es allein in ih-

Verkehrte Welt

rem Hotelzimmer nicht mehr aushält. Gemeinsam essen sie Kuchen, trinken Kaffee und Calvados, Hel raucht sogar. Völlig aufgelöst redet sie von Klaus, als sei er schon tot. Sie offenbart den schwachen Klaus Buch hinter der Maske des vitalstarken, smarten Tausendsassas. In Hels Bericht erscheint das Leben beider Buchs wie eine mühsam getarnte Lebenslüge. Keckem Optimismus am Tage stehen bei Klaus Schweißausbrüche in der Nacht gegenüber, der »Allerallerallertollste« (140) fühlt sich in Wirklichkeit und in seinem Job als Journalist »wie der letzte Dreck« (139). Hels Geständnis unterbricht ein Klopfen an der Tür. Klaus tritt ein, einsilbig, und nimmt seine Frau mit. Helmut drängt darauf, die Sportkleidung auszuziehen und die Räder den Vermietern zu schenken. Er schlägt Sabine eine vorzeitige Abreise vom Bodensee vor, Richtung Montpellier. Im Zug beginnt Helmut, seiner Frau die Geschichte von Helmut und Sabine zu erzählen. Die Novelle endet, wie sie beginnt: »Plötzlich drängte Sabine aus dem Strom der Promenierenden hinaus und ging auf ein Tischchen zu, an dem noch niemand saß« (151).

3. Figuren

Die Hauptfiguren – allen voran die beiden Männer – haben sich im Sinne Max Frischs eine auf den ersten Blick widerspruchsfreie Geschichte erfunden, die sie für ihr Leben halten. Bei allen Unterschieden gehören sie einer alltäglichen Welt an, in der gesellschaftliche Position, Bildung und Vitalität zählen. Helmut Halm und Klaus Buch spielen sich bei ihrem Wiedersehen am Bodensee deswegen jene Rollen vor, mit denen sie am besten ihre Vorstellung eines erfolgreichen, sinnvollen Lebens vermitteln können. Bevorzugt Helmut Halm dafür die introvertierte, zurückgezogene Spielart, so Klaus Buch die überschwängliche und extrovertierte des Hans-Dampfs-in-allen-Gassen. Zu dieser Geschichte gehören am Rande die Frauen der beiden, Sabine und Hel. Passt die eine zum soliden Lebenswandel eines Studienrats, so die andere zum Konzept des agilen Draufgängers. Das heißt für die Novelle: Die publikumstaugliche, öffentliche Geschichte der Halms und der Buchs sieht ganz anders aus als die innere Gemütslage der Figuren. In drastischer Form offenbart das erst der Schluss, der auf beiden Seiten die maroden Fassaden eines mühsam inszenierten Lebensschauspiels zeigt.

Rollenspiele

Der **Erzähler** ist identisch mit einer der Hauptfiguren: Helmut Halm. Das erfährt der Leser am Schluss der Novelle. Der Erzähler ist folglich Teil der erzählten Welt und von dem betroffen, was er berichtet. Darüber täuscht seine Einleitungsformel »Es war so« (151) nur scheinbar hinweg. Sie ist eher dem Wunsch verpflichtet, Dinge zu erzählen, die das eigene Leben rechtfertigen, als der Gewissheit, das auch tun zu können oder zu wollen. Das bekräftigt die Bemerkung seiner Frau Sabine: »Ich glaube nicht, daß ich dir alles glaube« (151). Der Erzähler gibt somit nicht neutral die Geschichte der Halms und der Buchs wieder, sondern bietet dem Leser seine Sichtweise an. Er ist folglich keine Aufzeichnungsmaschine, sondern ein Temperament, durch das die Ereignisse ihre spezielle Interpretation erhalten – denn wie hätten zum Beispiel Klaus oder Hel oder Sabine die Tage am Bodensee erinnert? Die begrenzte Erzählperspektive stimmt mit Helmuts »Herzenswunsch« (37) überein zu verheimlichen, obwohl er eigentlich mehr weiß. Zugleich bedeutet die Tatsache, dass er überhaupt die Feriengeschichte mit den Buchs reflektiert, einen Ausgang aus seiner Sprachlosigkeit, selbst wenn nur seine engste Vertraute, Sabine, Adressat der Geschichte ist. Die Kreisstruktur der Novelle, die er als Erzähler anlegt, entspricht dem Wunsch nach Beständigkeit, die sein Lebenswandel im Gegensatz zu dem von Klaus Buch verkörpert. Damit verwirklicht er formal im erzähltechnischen Bild des Geschichten- als Lebenskreislaufs jenes immerwährende »Bewußtseinstheater«[2], in dem Martin Walser die Aktualität der Novelle sieht.

Parteiisches Erzählen

Kreisstruktur der Novelle

Die Halms

Helmut Halm, Sohn eines Kellners, unterrichtet als promovierter Studienrat an einem renommierten Stuttgarter Gymnasium, dem »Ebe-Lu« (109). Mit seiner Frau Sabine lebt er in einem Häuschen in Stuttgart-Sillenbuch. Er ist der Typus des blasshäutigen, introvertierten Intellektuellen, der, ohne dies recht zu können, das Leben genießen möchte, und so haben ihm Essen und Trinken einen kleinen Bauch eingebracht. Darüber hinaus raucht er gern und treibt keinen Sport. Er ist mit 46 Jahren in einem Alter, in dem man über die noch verbleibende Lebenszeit nachdenkt und der Blick auf Jüngere zu einem schmerzvollen Erlebnis werden kann. Beispielhaft belegt die Erinnerung an seinen **Vater** sein gespanntes Verhältnis zum Vergangenen. Jeder Blick zurück scheint Helmut an die eigene Vergänglichkeit zu erinnern, die mangelnde Perspektive nach vorn. Er mag den Blick in die Vorzeit nicht, »jeder Gedanke an Gewesenes machte ihn schwer« (27). So erinnert er sich bei weitem nicht so virtuos wie sein Schul- und Studienfreund Klaus Buch an die gemeinsame Jugend. Ihm erscheint es geradezu bedrohlich, dass sich Klaus so gut erinnern kann. Generell versucht Helmut seine Mitmenschen auf Distanz zu halten, spielt ihnen deshalb Rollen vor, die möglichst wenig von ihm preisgeben: »*Inkognito* war seine Lieblingsvorstellung« (12). Er mag es nicht, wenn seine Eigenheiten durchschaut werden und sich dadurch eine Nähe bildet, die – wie bei seinem Spitznamen »*Bodenspecht*« (12) – Intimitäten andeutet und indirekt von einem Übergriff auf eine Schülerin erzählt. Routine und eine solide Erfahrung auf der Bühne des Lebens ermöglichen es Helmut, seine Gefühle zu dosieren und – je nach Situation – eine angemessene Rolle zu spielen. So beim Urlaub am Bodensee. Dorthin zieht er sich seit elf Jahren mit seiner Frau für jeweils vier Wochen in immer dieselbe Ferienwohnung zurück. Der regelmäßige Urlaub an bekanntem Ort bedeutet für Helmut paradoxerweise eine Flucht vor Vertrautheiten,

Lebensroutine

hier »probierte er Gesichter und Benehmensweisen aus, die ihm geeignet zu sein schienen, seine wirkliche Person in Sicherheit zu bringen« (13). Helmut möchte nicht, dass andere zu viel von ihm erfahren und dadurch Macht über ihn erlangen. Sein »Herzenswunsch ist zu verheimlichen« (37), und der lässt sich durch die flüchtige Urlaubssituation erfüllen. Urlaub bedeutet für Helmut auch, möglichst die fünf Bände der Kierkegaard-Tagebücher zu lesen. Diese Leidenschaft für Bücher reicht bis in seine Jugend zurück, wo er bereits Nietzsches *Zarathustra* in französischer Übersetzung gelesen hat. Der passionierte Leser schafft es jedoch nicht, Autor zu werden. Seit Jahr und Tag plant er sein erstes Buch, aber die Schule hindert ihn daran, es zu vollenden. Helmut ist insgesamt und im Gegensatz zu Klaus stolz, ein Kleinbürger zu sein. Er ist ängstlich, vorsichtig und fühlt sich insgeheim von Klaus' Frau Hel angezogen. Als die Katastrophe mit Klaus passiert ist, werden die Halms aktiv und treiben Sport.

Mit ihrem Mann bildet **Sabine Halm** ein eingespieltes Paar, sie scheint im selben Alter wie Helmut. Sie haben zwei Kinder und **Otto**, eine Spanielhündin. Man versteht sich nach den vielen Ehejahren wortlos, weiß um die Stärken und Schwächen des Partners; Sexualität ist für beide nicht mehr das zentrale Stichwort. Sabine genießt im Urlaub, in der ersten Reihe des Cafés zu sitzen und sich die Promenierenden anzuschauen, auch wenn sie von Helmuts Vorliebe weiß, lieber unscheinbarer platziert zu sein. Wie ihr Mann liebt sie Bücher, den Wein, ist allem Kulinarischen aufgeschlossen und raucht gern. Sie findet die Buchs sympathisch, obwohl oder vielleicht gerade weil sie ein ganz anderes Leben führen. Sie ist für den Charme von Klaus Buch empfänglich und nimmt sogar Rücksicht auf seinen Hundeekel. Für Helmut

Weg vom »Trott«

erhofft sie sich, dass er durch sein Wiedersehen einmal aus seinem »Trott« (39) herauskomme. Sie ist solidarisch mit ihrem Mann und stellt Helmut im Gespräch mit den Buchs so dar, wie sie ihn gern sehen möchte: »Sie wollte etwas Beeindruckendes über ihren Mann sagen« (97).

Die Buchs

Klaus Buch kommt aus gutem Hause und ist Sohn eines Patentanwalts, einer, der »immer alles kriegte« (25). Nachdem er zunächst als Lektor in Edinburgh gearbeitet hat, ist er nun Autor mehrerer Sachbücher und ein freier Journalist, der sich auf Ernährungsfragen spezialisiert hat und unter anderem fürs Fernsehen arbeitet. Er wohnt mit seiner zweiten Frau Hel in einem Haus in Starnberg. Mit ihr macht Klaus – nach Reisen in den Orient und ans Mittelmeer – seit drei Jahren in derselben Gegend Urlaub wie die Halms. Urlaub bedeutet für beide immer auch sportliche Aktivität: Tennis, Laufen, Segeln. Dementsprechend achten Klaus und Hel auf eine gesunde Ernährung, trinken vorwiegend Mineralwasser und rauchen nicht.

Klaus ist so alt wie Helmut, im Gegensatz zu ihm eine zierliche Person, braungebrannt, mit dichter blonder Mähne, Jeansträger und sprudelnd vor Vitalität und Kontaktfreude. Er wirkt derart jugendlich und sportlich, dass er ein Schüler Helmuts sein könnte. Mit Helmut verbinden ihn viele Jahre in Schule und Studium, aber seit dem letzten Wiedersehen sind rund 23 Jahre vergangen. Als er Helmut trifft, bricht in Klaus geradezu ein »Wiedererweckungsfanatismus« (27) durch, der die alten Zeiten lebendig erstehen lassen möchte. Was die Jugend angeht, stellt er Helmut als minderwertig dar. Klaus erinnert sich an alle möglichen und peinlichen Details der gemeinsamen Jugend mit Helmut – von dessen häufigen Mandelentzündungen bis zu den frühpubertären Spielchen der Jungen. Damals wie heute ist sexuelle Potenz für Klaus ein Leistungsmerkmal, das sein Ego stärkt. Klaus lehnt sich gegen alles Kleinbürgerliche auf, sah sich schon durch seine erste Frau Herta eingeschränkt, die »am Montagmorgen schon gewußt« habe, »welche Bluse sie am Freitag trage« (49). Klaus plädiert für schrankenlose Unabhängigkeit.

Schreckbild Kleinbürger

Während er seinen Schul- und Studienfreund Helmut als »fanatischen Arbeitsmenschen« (95) betrachtet, sieht sich Klaus selbst als jemanden, der das Leben genießen möchte. Für ihn sei das Leben »zu kurz, als daß man es mit Arbeit vergeuden dürfe« (97). Als er Helmut begegnet, sieht Klaus die Chance für einen Neuanfang. »Wir sollten, bevor wir fünfzig sind, noch einmal vom Stapel laufen« (110), schlägt er Helmut beim Segeltörn über den Bodensee vor. Klaus ist mutig und ein Draufgänger. Er stellt sich als ›Aktivposten‹ dar, durch den Helmut aus seiner »Flaute« (112) herausgeholt werden soll. Als er am Schluss wie ein lebendiger Toter wieder auftaucht, scheint er zu wissen, dass seine Lebenslüge enttarnt wurde. Vom vitalen Jeanstyp der ersten Begegnung ist nur noch ein wortkarger, niedergeschlagener Mensch übrig.

Hel(ene) Buch ist eine »Frau wie eine Trophäe« (21). Sie ist nach **Herta** die zweite Frau von Klaus und achtzehn Jahre jünger als er. Nach den Erfahrungen mit Klaus' Kindern aus erster Ehe haben sich beide dafür entschieden, kinderlos zu blei-

Ein Superweib?

ben. Dazu passt das Auto der Buchs, ein »silberfarbenes Mercedes-230-Coupé« (75). Regelmäßig vergewissert sich Klaus ihrer Zuneigung mit der Formel: »Du magst mich nicht mehr, gell?« (46).

Hel kann Klavier spielen und hat ein Semester in Montpellier studiert. Klaus verlangte jedoch von ihr, damit aufzuhören und hat sie dann auf seine »Interessen dressiert« (141). Hel hat sich nur Klaus zuliebe zur Buchautorin machen lassen und recherchiert im Urlaub für ihr zweites Werk – ein Job, der ihr eigentlich gar nicht liegt. Als Klaus vermisst wird, raucht Hel und trinkt jede Menge Calvados. Auch ihre Kleidung hat sich geändert, sie trägt eher schäbiges, altes Zeug. Sie offenbart den Halms am Schluss den wahren Klaus Buch: »Er hat nicht viel gehabt von seinem Leben, sagte sie. Es war nichts als Schinderei« (136). Nachts plagen ihn Schweißausbrüche, und ständig leidet er darunter, von den Launen der Redakteure abhängig zu sein. Hel gesteht ein, dass sie sich bald mit diesem Kompromissleben arrangiert hätte: »Noch ein Jahr, dann wäre es wahrscheinlich vorbei gewesen mit mir. Dann hätte ich es auch für immer ausgehalten« (141).

Die Nebenfiguren

Die Nebenfiguren dienen in der Novelle als Staffage der Lebensbühne, auf der die Halms und die Buchs erscheinen. Exemplarisch seien Figuren wie die Vermieter **Zürn** genannt, die aus diesem Grunde konturlos bleiben. Sie dienen den Halms lediglich dazu, ihre Urlaubsrollen auszuprobieren. Das Ziel dabei: wechselseitig Rollen zu finden, die ein möglichst reibungsloses

Miteinander ermöglichen. Erlaubt ist in diesem Spiel alles, was nicht über eine solide Oberflächlichkeit hinausgeht. Helmut liebt deswegen am Verhältnis zu den Zürns »die jährlich wachsende, aber völlig annäherungslose Vertrautheit zueinander« (16).

Männer-TÜV

Die Hauptfiguren im Leistungsvergleich

Name und Alter	Helmut Halm, 46	Klaus Buch, 46
Familienstand	seit langem verheiratet mit Sabine, zwei Kinder	zweite Ehe mit Hel, getrennt von den Kindern aus erster Ehe mit Herta
Beruf	Lehrer an einem traditionsreichen Gymnasium	freier Journalist und mehrfacher Buchautor
Wohnort	Haus in Stuttgart-Sillenbuch	Haus in Starnberg
Typus	leicht korpulenter, blasshäutiger Intellektueller, Genussmensch (Wein, gutes Essen, Rauchen)	braungebrannter Jeansträger und Sportler, Asket (Mineralwasser, Essen mit Verstand, Nichtraucher)
Jugend	»Klassenkämpfer« (50) und Nietzsche-Leser	»Sohn eines Patentanwalts« (85 f.) und Besitzer eines Vollballonrads

Reisen	seit elf Jahren Ferienwohnung am Bodensee	Orient, Mittelmeer, seit drei Jahren Bodensee
Marotte	auf die Füße schauen, Spitzname »Bodenspecht« (12)	»Du magst mich nicht mehr, gell?« (46)
Vision	scheint ohne Visionen auskommen zu können → einverstanden mit dem »Trott« (39)	»Wir sollten, bevor wir fünfzig sind, noch einmal vom Stapel laufen« (110) → Bahamas als Vision
	↓	↓
Auf der Lebensbühne	introvertierter Rollenspieler	extrovertierter Rollenspieler

4. Komposition

Nachdem Walser bis Mitte der 70er-Jahre vor allem Romane und Theaterstücke veröffentlicht hat, entscheidet sich der Autor beim *Fliehenden Pferd* für die traditionsreiche Erzählform Novelle. Im Gegensatz zum Roman ermöglicht diese Gattung wegen ihrer prägnanten Kürze eine dramatische Zuspitzung auf einen entscheidenden Moment im Leben von Walsers vier Hauptfiguren. Dafür erfindet Walser eine klar nacherzählbare Fabel und baut eine sich allmählich steigernde Spannung auf, die im achten Kapitel auf geradezu filmische Action zuläuft. Selbst wenn die Handlung am Schluss hohe Wellen schlägt, bedient sich der Autor erzähltechnisch einer einfachen Struktur. Er siedelt das Geschehen auf einem einzigen Handlungsstrang an, erzählt vorwiegend im epischen Präteritum, macht keine Sprünge auf der Zeitachse und gliedert die Novelle in neun Kapitel, denen ein Motto des Philosophen Sören Kierkegaard vorangeht. Außen- und Innenräume wechseln in den Kapiteln regelmäßig und spiegeln so auf der Makroebene ein zentrales Thema des Romans wider: die Innenwelt der Figuren im Gegensatz zu ihrer äußeren Erscheinung, ihrer Maskerade.

Das Spektrum der **Gattung Novelle** erlaubt, historisch gesehen, literarische Kürzestformen, aber auch solche, die einem kleineren Roman gleichen.[3] Im Gegensatz zum Roman verbindet man mit der Novelle sowohl in puncto Raum, Zeit und Figurenanzahl höchste Verdichtung. Wortgeschichtlich geht *Novelle* auf das lateinische Adjektiv *novus* ›jung‹, ›neu‹ zurück und bedeutet ›Neuigkeit‹. Zu den frühen Ausprägungen der Gattung gehört die Tendenz, einen

Zyklus zu bilden, wie man es von Boccaccios *Decamerone* (entstanden um 1350) kennt. Ebenso zu dieser Tradition gehört die Fiktion des mündlichen Vortrags, die Helmut Halm am Ende der Novelle zitiert. Durch Halms Ankündigung, seiner Frau »alles von diesem Helmut, dieser Sabine« (151) erzählen zu wollen, erhält die Novelle zudem vom Ende her einen Rahmen, der bei den alten Novellensammlungen üblicherweise und wie bei Boccaccio schon am Anfang gesetzt wird.

Eine verbindliche Definition, was eine Novelle ist, gibt es nicht, sondern nur die verschiedenen Spielarten dessen, was zu verschiedenen Zeiten darunter verstanden wurde. Heutzutage werden als Novelle auch Erzählungen mittlerer Länge – und sogar Fernsehformate: die Telenovelas – bezeichnet, die häufig, nach alter Novellentradition, eine überraschende Wendung aufweisen. Genau dieser Umschlagpunkt reizte Walser an der literarischen Gattung Novelle, und in diesem Zusammenhang ist vor allem Goethe als sein Gewährsmann zu nennen. Nach Goethes wirkungsmächtiger Definition, in einem Gespräch mit Eckermann geäußert, schildere die Novelle »eine sich ereignete unerhörte Begebenheit«[4]. Die Affekthandlung Helmut Halms im achten Kapitel – die überraschende Aktion des eigentlich in sich gewandten Geistesmenschen – kann als solch eine »unerhörte Begebenheit« gelten, die der Novelle dramatische Züge verleiht: »Als Helmut sah, daß die über Bord laufenden Wellen jetzt gleich ins Cockpit schlagen würden, stieß er mit einem Fuß Klaus Buch die Pinne aus der Hand. Jetzt passierte alles gleichzeitig. Das Boot schoß wieder in den Wind. Klaus Buch stürzte rückwärts ins Wasser« (120).

Goethes »unerhörte Begebenheit«

Ein fliehendes Pferd ist chronologisch erzählt und bezieht sich auf eine Gegenwart, die mit der Erscheinungszeit der Novelle zusammenfällt. Die **erzählte Zeit** umfasst knapp fünf Sommertage, von einem Sonntagnachmittag bis zu einem Donnerstag. Die Zeit lässt sich rekonstruieren, wenn man den »Montagabend« (58) als Ausgangspunkt nimmt und von dort gemäß den Zeitangaben im Text vor- und zurückrechnet. Entscheidend ist aber nicht die exakte Dauer der Handlung, sondern die Tatsache, dass eine flüchtige Urlaubsbegegnung zwei Paare physisch und emotional fast in den Abgrund stürzen lässt.

Zunehmende Verdichtung

Je näher die Novelle auf ihren Höhepunkt zustrebt, umso stärker wird die Erzählung auf der Zeitachse verdichtet. So stehen beispielsweise für den ersten halben Tag ungefähr genauso viele Seiten zur Verfügung wie für den kompletten letzten Tag. Von dieser tendenziellen Verdichtung hebt sich das achte Kapitel ab, das den dramatischen Höhepunkt der Novelle gleichsam in Zeitlupe präsentiert.

Trotz des fulminanten achten Kapitels, in dem es um Leben und Tod geht, ist die Novelle insgesamt handlungsarm. Ihre Dynamik entsteht über Dialoge und Texte zwischen den Zeilen sowie dadurch, dass die Innenwelt der Figuren, die Reflexionen und Vermutungen Helmut Halms gezeigt werden. Wie sehr Walser auf einen überschaubaren Ausschnitt seiner erzählten Welt vertraut, belegt schon der unvermittelte szenische Beginn: Sabine und Helmut Halm werden in Aktion gezeigt, ihre Schaulust und seine Zurückgezogenheit vorgeführt: »Helmut hatte das Gefühl, die Stühle des Cafés seien zu klein für ihn, aber Sabine saß schon. Er hätte auch nie einen Platz in der ersten Reihe genommen« (9). Wenige Sätze später ist die Urlaubssituation in knappen Strichen skizziert, gerade so weit, wie es für den Gang der Handlung vonnöten ist. Dabei ermöglicht der Bezug auf die reale, dem Autor als Heimat durch und durch vertraute Bodenseeregion mit Kurzformeln zu arbeiten und dennoch ein glaubwürdiges Szenario zu schaffen. Mit höchster Ökonomie der erzähltechnischen Mittel etabliert Walser die Welt, in der sich seine Figuren vom ersten Kontakt über die Katastrophe bis zum Nachhall begegnen. Die zunächst flache **Spannungskurve** der Handlung steigt allmählich und erreicht einen ersten Höhepunkt, als Klaus das fliehende Pferd einfängt und damit zugleich das Titel gebende Leitmotiv der Novelle im wörtlichen Sinne die Erzählbühne betritt. Dieses **Leitmotiv** der Flucht hält das Erzählte zusätzlich zusammen. So wird von der alljährlichen ›Flucht‹ der Halms an den Bodensee erzählt oder von Klaus' Utopie einer Flucht auf die Bahamas oder vom überstürzten Aufbruch der Halms am Schluss. Der zentrale **Höhe- und Wendepunkt** ist erreicht, als der träge Helmut Halm beim Segeltörn auf dem sturmgepeitschten Bodensee – im Affekt, aus Notwehr, aus Angst – den fanatischen Klaus Buch über Bord befördert. Von dort an fällt die Spannungskurve steil ab und läuft im Geständnis Hels, der überraschenden Wiederkehr von Klaus und der überstürzten Abreise der Halms aus. Trotz des offenen Endes erreicht Walser eine geschlossene Form dadurch, dass er den Schluss in den Anfang münden lässt, ohne eine Lösung zu präsentieren. Die von ihm angelegte Kreisstruktur der Novelle spiegelt somit das vom Autor bemerkte immerwährende »Bewußtseinstheater« (Walser) wieder.

Erzählökonomie

Für die Anlage der Novelle ist von zentraler Bedeutung, dass Walser mit Helmut Halm eine seiner Hauptfiguren als Erzähler auswählt. Dabei erzählt Halm von sich und den anderen in personaler Perspektive der dritten Person, so als ob er sich selbst ein Fremder wäre. Das erzeugt zusätzliche Spannung, weil der Leser von diesem Kunstgriff – auf der letzten Seite offenbart sich Halm als Erzähler – erst am Schluss erfährt, sodass sich der gesamte Text vom Ende her mit diesem neuen Wissen nochmals studieren lässt: Wo erzählt Helmut Halm parteiisch? Wo verbirgt er sich, wo offenbart er sich ungewollt? Das Kierkegaard-Motto der Novelle wirkt vor diesem Hintergrund wie ein symptomatischer Einstieg Helmut Halms in seine Erinnerungen an die Ferien am Bodensee und gehört in diesem Sinne bereits zu seinem **Erzählprogramm.**[5] Damit bettet Halm die Geschichte über den Verweis auf Kierkegaard zudem in einen Zusammenhang ein, der ihm als Bildungsbürger näher steht als dem sportiven Naturburschen Klaus Buch. Der Erzählton Halms vermittelt dem Leser den Eindruck, als handele es sich um einen objektiven Bericht einer alltäglichen Geschichte. Was von Beginn den getragenen Ton durchkreuzt, ist das immer wieder eingestreute Wort »plötzlich«. Dieses Wort wird auf der Ebene der Komposition charakteristisch für die Anlage der Novelle. Indem Walser damit seine Novelle beginnt, verknüpft er ein alltägliches Geschehen mit einem Wort, das höchste Aufmerksamkeit bindet. Es signalisiert, dass der Alltag immer wieder ins Wahnwitzige kippen kann.

Das Plötzliche

Tag und Kapitel	Ort	Handlungsmomente
Sonntag (1–3)	Strandpromenade / Gasthof *Hecht* / Ferienwohnung	Exposition: Helmut und Sabine genießen im Café den Urlaub, mehr oder weniger / Begegnung mit den Buchs: die Erinnerungsnot / Helmuts Brief an Klaus – Lebensstrategie und Warnung
Montag (4/5)	Segelboot / Weinlokal und Ferienwohnung	Steigerung: Gegensatz der Paare auf dem Boot: die vitalen Buchs neben den Halms, die sich wie Großeltern fühlen / Paartheater im Lokal, Austausch der Lebenskonzepte
Dienstag (6/7)	Bergwanderung / Hotel *Seehalde*	Leitmotiv: Klaus der Pferdebändiger und ›Retter‹; Helmut als mittelmäßiger Wanderführer; / Gespräche über Erotik und Arbeit
Mittwoch (8)	Segelboot	Katastrophe: Fluchtpläne, Sturm, Klaus geht über Bord
Donnerstag (9)	Ferienwohnung	Nachhall und offenes Ende: Hels Geständnis; Abreise der Halms nach Montpellier; Helmut beginnt zu erzählen

5. Wort- und Sacherläuterungen

3,2 **Ein fliehendes Pferd:** Der Titel verweist auf eines der Hauptmotive der Novelle; vgl. 88,1–91,6.

7,1–12 **Motto:** spielt auf den Kierkegaard-Leser Helmut Halm an und weist zugleich auf den offenen Schluss von Walsers Novelle hin, die »eine Aufklärung nicht gewähren« (7) wird. Der Leser ist folglich gefordert, sich ein eigenes Urteil über die Figuren zu bilden.

7,13 **Sören Kierkegaard, *Entweder/Oder*:** Der dänische Philosoph und Theologe Sören Kierkegaard (1813–55) gilt als Begründer der so genannten Existenzphilosophie. Im Gegensatz zur traditionellen Philosophie und Metaphysik beschäftigen sich seine philosophischen Schriften wie *Entweder–Oder* (1843) mit dem konkreten Dasein des einzelnen Menschen.

9,2 **Promenierende:** Menschen, die – im Gegensatz zu Wanderern – ohne festes Ziel spazieren gehen.

9,10 **Otto:** Trotz des männlichen Namens handelt es sich um eine Hündin; vgl. 126,14.

10,28 f. **Kierkegaards Tagebücher:** Gemeint ist vermutlich die von Hayo Gerdes besorgte fünfbändige Ausgabe, die zwischen 1962 und 1974 bei Diederichs erschien.

11,25 ***Zarathustra*:** Hiermit ist Friedrich Nietzsches (1844–1900) philosophisch-literarische Schrift *Also sprach Zarathustra* (1883/85) gemeint. In diesem Werk entwickelt Nietzsche die Utopie eines »Übermenschen«, der sich von der gängigen Moral löst, um die Menschen zu einer höheren Entwicklungsstufe zu führen.

11,26 **Snob:** vornehm tuender, eingebildeter Mensch.

11,27 f. ***Ainsi parlait Zarathustra*:** (frz.) *Also sprach Zara-*

thustra, eines der Hauptwerke des Philosophen Friedrich Nietzsche.

12,16 ***Inkognito***: lat. *incognitus* ›unerkannt‹; jemand, der unter fremdem Namen auftritt, seine Identität maskieren möchte.

12,20 f. ***Bodenspecht***: jemand, der anderen Menschen im Gespräch auf die Füße schaut; vgl. 20,6–15.

13,21 **Überneuschwanstein:** Steigerung des romantischen Märchenschlosses Neuschwanstein von Ludwig II. (1845–1886). Halm bezieht sich bei seiner Fantasie auf die Lage des Schlosses, das bei Füssen im Allgäu auf einem steilen Felsen erbaut wurde.

14,26–15,22 **Zürn'sches Haus ... Frau Zürn ... Dr. Zürn:** Der Figurenname ›Zürn‹ kommt in weiteren Romanen Walsers vor, so in *Das Schwanenhaus*, *Seelenarbeit*, *Jagd* und *Der Augenblick der Liebe*.

16,14 **Spaniel:** Oberbegriff für eine der ältesten Jagdhundrassen. In Deutschland wurden der Cockerspaniel und der Springerspaniel als Familienhund populärer.

18,6 **Separatist:** abwertend für jemanden, der versucht, ein Gebiet aus seinem bisherigen Staatsverband zu lösen, um es selbständig zu machen oder einem anderen Staat anzuschließen; hier: scherzhaft für Helmut, der sich von der Gemeinschaft Sabine – Otto – Helmut abgrenzt.

20,21 **Kommilitone:** Studienkollege.

21,8 **perplex:** verblüfft, überrascht.

22,18 **Maurach:** kleiner Bodenseeort bei Nußdorf, in dessen Nähe die Halms Ferien machen; vgl. 34,6 ff.

24,20 **Tübingen:** Universitätsstadt in Baden-Württemberg, ein Drittel der Einwohner sind Studenten.

24,21 **Edinburgh:** Hauptstadt Schottlands.

25,17 **prognathisches Mustergebiß:** Gebiss mit vorstehendem Oberkiefer.

26,8 **Erker:** Vorbau an der Fassade oder Ecke eines Gebäudes, geht über ein oder mehrere Geschosse und hat Fenster.

26,12 **Vollballonrad:** Fahrrad mit Ballonreifen.

26,16 ***Hecht*:** ein Gasthof.

27,10 f. **Kriegskameradenphänomen:** Klaus' Hang, sich gemeinsam mit Helmut wie ein alter Soldat an frühere, heldenhafte Zeiten erinnern zu wollen.

28,7 **Marika-Rökk-Gesicht:** Marika Rökk (1913–2004) war eine populäre Schauspielerin, Sängerin und Tänzerin. Sie wurde 1933 für den Film entdeckt und zu einem Star der Universum-Film AG (Ufa).

29,13 f. ***Hindenburgbau*:** 1926/28 erbauter Geschäftskomplex in der Nähe des Stuttgarter Hauptbahnhofs.

31,14 **Spätburgunder:** auch Blauburgunder oder Pinot noir genannt, eine Rotweinrebe.

31,15 **Viertel:** Maßeinheit, hier: jeweils 0,25 l Wein.

31,24 **Worms:** Stadt im südöstlichen Rheinland-Pfalz.

32,20 **Emanuel Swedenborg:** schwedischer Naturforscher und Theosoph (1688–1772), wandte sich nach zwei Christusvisionen (1744/45) von der Wissenschaft ab. Distanzierte sich deswegen ein Aufklärungsphilosoph wie Immanuel Kant (1724–1804) von ihm, so schätzten ihn rationalismuskritische Richtungen wie Romantik oder Symbolismus. Die Semmel-Anekdote findet sich im Nachwort des Herausgebers einer deutschen Ausgabe von Swedenborgs *Himmel, Hölle, Geisterwelt* (1925).

33,20 **Waldulmer:** süffiger Rotwein.

34,6 **Nußdorf:** kleiner Ort am Bodensee.

34,11 **Omnibus:** zunehmend ungebräuchlichere Langform von ›Bus‹.

38,4 f. **Schulterzwang … Gesichtszwang:** Bilder für Helmuts Not, in Gemeinschaft sein und sich verstellen zu müssen.

39,3 **Kirche Birnau:** Bei Nußdorf liegt die 1747/49 erbaute Wallfahrtskirche St. Maria.

39,6 **Wallfahrt:** Reise zu einer heiligen Stätte wie Rom (Christentum) oder Mekka (Islam). Grund für solche Pilgerfahrten sind beispielsweise die Bitte um Hilfe oder der Dank für Wohltaten.

40,14 **Jolle:** Segelbootsklasse.

40,23 **Vorschotmann:** Mitglied der Crew auf einem Segelboot, das die Vorsegel bedient.

40,28 **Pinne:** waagerechter Hebelarm am Steuerruder.

41,16 **Sonnenglast:** Sonnenglanz.

43,6 f. **De Sade … Masoch:** Der französische Schriftsteller Donatien-Alphonse-François Marquis de Sade (1740–1814) beschreibt in seinen Werken detailliert, wie körperliche und seelische Grausamkeiten Lust beim Peiniger auslösen können. Daraus leitet sich der Begriff ›Sadismus‹ ab, der allgemeiner die Lust an Grausamkeiten meint. Pendant dazu ist der ›Masochismus‹, der Lust beim Erleiden körperlicher oder seelischer Peinigung bezeichnet. Dieser Begriff geht auf den österreichischen Schriftsteller Leopold Ritter von Sacher-Masoch (1836–95) zurück.

43,9 **Klar zur Wende:** Kommando zur Anpassung der Segelstellung und Fahrtrichtung an den Wind.

43,10 **Re[e]:** eigentlich ›ree‹; Kurzform des Wendekommandos ›Ruder in Lee‹.

44,17–20 **Pfarrer Künzle …** ***Chrut und Uchrut*****:** Der so genannte Kräuterpfarrer und Naturheilkundler Johann

Künzle (1857–1945) veröffentlichte 1911 *Chrut und Uchrut* (schweiz. ›Kraut und Unkraut‹), ein populäres Heilkräuterbuch, das bis heute erhältlich ist.

44,19 ***Gott … Natur*:** auf Baruch de Spinoza (1632–77) zurückgehende, für die Aufklärung wichtige Denkfigur, nach der sich Gott in der Natur, seiner Schöpfung verwirkliche/darstelle.

44,25 **Byzanz und Ravenna:** Städte, die beispielhaft für die Italiensehnsucht deutscher Touristen stehen.

45,3 **Unteruhldinger Pfahlbauten:** spielt auf eine rekonstruierte Pfahlbausiedlung aus der Bronzezeit in der Nähe von Überlingen an.

48,10 **Façon:** bestimmte Art und Weise von etwas.

48,17 **bayerischer Ministerpräsident:** Als die Novelle 1978 erschien, war Franz-Josef Strauß (1915–88) Ministerpräsident in Bayern.

48,24 **Pius XII.:** von 1939 bis 1958 Papst, eigentlich: Eugenio Pacelli (1876–1958).

48,24 f. **Anno-Santo-Pilgerin:** Das so genannte ›Heilige Jahr‹ wird seit 1475 alle 25 Jahre begangen. In solch einem Jahr kommen Gläubige nach Rom, um einen vollständigen Sündenablass zu erlangen. Während des Jahres ist die Heilige Pforte des Petersdoms geöffnet, die danach wieder vermauert wird.

48,27 f. ***Richard Wagner an Mathilde Wesendonck*:** 1904 erschien bei Duncker *Richard Wagner an Mathilde Wesendonk. Tagebuchblätter und Briefe 1853–71*. Das Buch dokumentiert die Liebesbeziehung des Komponisten und Schriftstellers Richard Wagner (1813–83) zu Mathilde Wesendonck (1828–1902), die 1858 durch Wagners Frau Minna beendet wurde.

48,28 f. ***Das Lied von Bernadette* von Werfel:** Franz Werfel

(1890–1945) erzählt in seinem Roman von Bernadette Soubirous, der im französischen Lourdes mehrfach die Jungfrau Maria erschienen sein soll. Das Werk geht auf ein Gelübde Werfels zurück, das der jüdische Autor auf der Flucht vor den Deutschen 1940 in Lourdes ablegte.

49,10 **Vorschiff:** der vordere Teil eines Schiffs.

49,26 **Teneriffa:** größte der Kanarischen Inseln, die wegen ihres milden Klimas auch für Winterurlaube beliebt sind.

49,27 **Starnberg:** in der Nähe Münchens gelegener Ort, in dem gern Prominente der Region wohnen.

50,1 f. **Küchenschabe:** Insekt, das zu den Hausschädlingen gerechnet wird.

50,12 f. **Klassenkämpfer:** zum einen auf ›Schulklasse‹, zum anderen auf die Haltung des kleinbürgerlichen, engagierten Klassenkämpfers bezogen.

50,25 **Rehabilitationschancen:** die Möglichkeiten, einen körperlich oder seelisch Kranken in das gesellschaftliche Leben wieder einzugliedern.

51,1 **in den Winkel gestellt:** hier: überrascht.

51,6 **lange Lulatsche:** umgangssprachlich für ›lange Kerle‹.

51,9 **Parabel:** Kegelschnittkurve.

52,18 f. **ans Pure kommen:** vgl. 52,23–27.

52,27 **Ecco!:** (ital.) ›Da!‹ ›Also!‹

53,8 **blanken:** offenen, unverblümten.

54,7 **Miniatürchen:** hier: die kleinen Erinnerungsbilder der Kindheit von Helmut und Klaus.

54,12 **souffliert:** (flüsternd) vorgesagt.

54,19 **Don't spoil him:** engl. ›Verwöhn ihn nicht.‹

55,15–18 **Olymp … Masseur Apoll:** In der griechischen Mythologie ist der Olymp Sitz der Götter. Apoll ist unter anderem der Gott der Weissagung, der Künste und der Sonne, die hier Sabine ›massiert‹ hat.

60,10 **Otto, down:** Befehl für den Hund auf Engl.: Otto, Platz.

63,7 **SESAM ÖFFNE DICH:** spielt auf die Zauberformel im Märchen *Ali Baba und die 40 Räuber* an, mit der sich eine Schatzkammer öffnen lässt.

65,3 **Wagner-Mein-Leben:** verweist auf autobiographische Aufzeichnungen Richard Wagners, die nach dem Tode des Komponisten 1911 erstmals erschienen sind.

65,18 **Grado:** italienische Stadt an der Adriaküste.

66,11 **Pranger:** in früherer Zeit ein Schandpfahl, an dem Verbrecher zur Schau gestellt wurden.

70,28 **Prototyp:** Urbild, Muster.

72,13 **agitieren:** eigentlich: aggressiv [für politische Ziele] tätig sein.

72,28 **Wagnerianerin:** Anhängerin Richard Wagners, der für seine monumentalen wie lautstarken Kompositionen bekannt ist.

75,12 **de Sade:** vgl. Anm. zu 43,6 f.

75,14 **vierbeiniger Folterknecht:** Damit ist die Hündin Otto gemeint.

75,22 ***Höchsten*:** 833 Meter hoher Berg unweit von Nußdorf, von dem man den Bodensee sieht.

76,12 **Rundblick ... Vorarlberg ... Bern:** Blick vom westlichsten Bundesland Österreichs bis zur Hauptstadt der Schweiz.

76,19 **Limpach:** Ortsteil von Homberg, der am Fuß des Höchsten liegt.

80,2 f. **Volk Israel ... Ägypten:** bezieht sich auf den Auszug des Volkes Israel aus Ägypten unter der Führung von Moses; vgl. im *Alten Testament* das Buch »Exodus«.

81,15 ***Wanderer-Fantasie*:** Franz Schuberts (1797–1828) viersätzige Klaviersonate *Fantasie C-Dur*; vgl. 144,21 ff.

88,20 **Halfter:** Teil des Riemenzeugs am Kopf, mit dem Pferde geführt und gelenkt werden.

89,1 **Fuchs mit einer Blesse im Gesicht:** rotbraunes Pferd mit weißem Stirnfleck.

90,7 **letz:** (alemannisch) schief.

90,9 **Bremse:** werden auch als »Viehfliegen« bezeichnet; die Weibchen ernähren sich meist vom Blut von Wirbeltieren.

90,16 **Meran:** italienische Stadt in Südtirol, seit Mitte des 19. Jh.s als Kurort bekannt.

90,19 **Haflinger:** südtiroler Kleinpferde, nach Hafling, einem Bergdorf oberhalb Merans benannt.

93,2 **Krotten:** Kröten.

93,22 f. **Klaus schreibe sich ja mit Cäsar:** meint den Anfangsbuchstaben ›C‹; hier: Klaus heißt richtig Claus.

94,8–10 **Phloxe, Fingerhüte, Königskerzen … Malven:** Pflanzennamen.

94,17 **Sillenbuch:** Stadtteil von Stuttgart.

100,22 **Alb:** Gebirge, besonders in Eigennamen wie »Schwäbische Alb«.

102,7 **Meersburg:** Stadt am Nordufer des Bodensees.

102,13 **heimzu:** heimwärts.

106,22 f. **für Opas, in deren Wipfeln Ruh ist:** spielt auf Goethes (1749–1832) Gedicht *Ein Gleiches* an, das mit den Versen einsetzt: »Über allen Gipfeln / Ist Ruh«.

106,27 **Lethe:** in der griechischen Mythologie der Strom des Vergessens, aus dem die Toten in der Unterwelt trinken.

107,8 **Ägäis:** Kurzform für das zwischen Griechenland und Kleinasien gelegene Ägäische Meer.

107,12 **Boreas:** in der griechischen Mythologie der Gott der Nordwinde, hier: Nordwind, der in der Ägäis gelegentlich auch im Sommer stürmisch weht.

107,14 **Thassos ... Rhodos:** Inseln im Ägäischen Meer.

107,16 **Passat:** Ostwind in den Tropen, der in Richtung Äquator weht.

108,19f. **challenge:** (engl.) Herausforderung.

109,3 **Chlorophyll:** grüner Farbstoff in Pflanzenzellen.

109,25 **Ebe-Lu:** Kurzform für das renommierte, 1686 gegründete Eberhard-Ludwig-Gymnasium in Stuttgart; www.ebelu.de.

110,9 **body:** (engl.) Körper.

111,2 **Stagnation:** Stillstand.

111,5 **Resignation:** Selbstaufgabe, Verzweiflung.

112,23 **Flaute:** Windstille.

112,26f. **Dich *turn* ich an:** anturnen: in Stimmung, Erregung versetzen, Gegensatz ›abturnen‹.

113,14 **vehemente:** heftige.

114,16 **Capito?:** (ital.) Verstanden?

114,17 **Bö:** kurzer, heftiger Windstoß.

116,3 **Fockschot:** Leine zum Bedienen des Vorsegels.

116,4–6 **FIER AUF ... DICHT:** Kommandos, das Segel einzuholen und den Winkel zwischen Großsegel und Schiffrichtung zu schließen.

117,12 **gefiert:** vom Verb *fieren*; hier: am Tau heruntergelassen, eingeholt.

118,9 **Gischt:** aufschäumendes Wasser, Wellenschaum.

119,3 **ref-fen:** reffen: das Segel einziehen.

119,9 **Als wär's ein Stück von dir!:** spielt auf Ludwig Uhlands (1787–1862) Gedicht *Der gute Kamerad* an.

120,10 **Cockpit:** offener, vertiefter Sitzraum im Segel- und Motorboot; eigentlich: Plicht.

120,12 ***Lucy in the sky*:** spielt auf das Lied *Lucy in the Sky with Diamonds* (1967) von *The Beatles* an, das in Text und Musik tranceartige Gemütszustände nachempfindet.

122,25 **Kiel:** unterster Längsträger, der vom Bug (Vorderseite) bis zum Heck (Rückseite) eines Schiffes verläuft.

123,8 **apathisch:** teilnahmslos, gleichgültig.

124,4 **Voyeur:** (frz.) ›Zuschauer‹; jemand, der (heimlich) nackte Körper oder sexuelle Vorgänge beobachtet und dadurch Befriedigung erlangt.

124,11 **Kirman-Teppich:** ein Perserteppich.

124,22f. **Friedrich Nietzsche:** vgl. Anm. zu 11,25 und 11,27f.

125,9 **Tote eins rauf:** rätselhafte Anspielung, die Walser so auslegt: »Bei uns damals in der Dorfschule hat es sowas gegeben. Wenn man ein schlechter Schüler war, kam man eins runter. Und wenn man wieder etwas gesagt hatte, was dem Lehrer gefiel, kam man wieder eins rauf. [...] Das war eine dauernde Hierarchisierung der eigenen Schulexistenz durch Leistung. Und Tote stehn bei ihm [Helmut Halm] halt manchmal so im Kurs und manchmal so«. Zit. nach: Martin Walser: Ein fliehendes Pferd. Novelle. Mit einem Kommentar von Helmuth Kiesel, S. 161.

127,13 **Heupferd:** in Europa, Kleinasien und Nordafrika verbreitete Laubheuschrecke.

127,14 **bald:** schwäbisch ›fast‹.

129,15 **Schädelstätte:** vgl. Mt 27,31–44.

130,6 **opportunistisch:** anpasserisch, auf Vorteile achtend.

130,14f. **vis à vis:** (frz.) gegenüber.

133,1 **rekonvaleszentenhaft:** wie ein Genesender.

133,15 **Calvados:** Weinbrand, der im französischen Departement Calvados aus destilliertem Apfelwein gewonnen wird.

135,9 **Montpellier:** Hauptstadt des französischen Departements Hérault.

141,6 **dekretieren:** bestimmen, verordnen.

141,8 **Basta:** (ital.) genug.

141,11 **Matterhorn:** Berg im Schweizer Kanton Wallis, mit 4478 Metern nach Montblanc und Monte Rosa der dritthöchste Alpengipfel.

146,18 **regenerieren:** sich erholen.

147,14 f. **der Jüngste Tag:** Endzeitvorstellung, auch »Jüngstes Gericht« oder »Weltgericht« genannt. Nach christlicher Auffassung sitzt Gott am Ende der Zeiten zu Gericht, sodass die gegenwärtigen Taten der Menschen auch in Hinsicht dieser letztgültigen Belohnung bzw. Vergeltung zu bedenken sind. Wann und wo das Gericht stattfindet, bleibt ungewiss.

150,6 f. **Qui tollis peccata mundi:** (lat.) »der du trägst die Sünden der Welt«. Diese Formel wird in der katholischen Messliturgie gesprochen, bevor der Priester die Kommunion austeilt.

6. Interpretation

Persönliche Motive Walsers

Die Novelle ist ein Beispiel dafür, wie aus einem persönlich motivierten Text einer werden kann, der viele Leserinnen und Leser angeht. Als Walser die Novelle schrieb, näherte er sich allmählich dem Alter seiner Männerfiguren, und in einem Interview mit dem *Kölner Stadt-Anzeiger* gestand er am 19. April 1978 zu, »das Schlimmste« sei für ihn, »fünfzig zu werden«. Nach eigener Auskunft konterte Walser mit der Novelle »einen wirklichen oder eingebildeten Angriff von außen. Darf man so leben, wie man nun einmal lebt? Wie sehr muß man sich durch andere widerlegt fühlen? Wie schwach ist man eigentlich?« Auf solche lange gehegten grundsätzlichen Fragen antwortete Walser im Sommer 1977 spontan literarisch und brachte in rund drei Wochen *Ein fliehendes Pferd* zu Papier: »Da reagierte ich und schrieb schnell eine Position hin, den Angriff auf diese Position, die Verteidigung des Angriffs gegen den Gegenangriff der Position usw. Es stellte sich dann heraus, daß der Angreifer genauso schwach war wie der Angegriffene: deshalb ging es gerade noch gut aus.«[6]

Den Roman siedelt Walser in einer ihm sehr vertrauten Region an, seiner Heimat am Bodensee. Und so entsprechen Ortsnamen wie die von Restaurationen den realen Gegebenheiten. Schreibt Walser folglich mit dem Hintergrund eigenen Erlebens, so bleibt die Novelle doch keine private Geschichte oder autobiographische Selbsterkundung, weil er darin zentrale Erfahrungen der Zeit für seine Leser aufbereitet. In Nahaufnahme zeigt Walser zwei Paare, deren Leben sich – stellvertretend für die Leserschaft – zwischen gesellschaftlichem Leistungsdruck, individuellem Glücksverlangen und Midlife-Crisis bewegt.

Hälfte des Lebens

Die Krise zur Halbzeit des Lebens steht in Walsers Novelle nicht im Vordergrund, dient erzähltechnisch aber als Auslöser, um die Handlung der Novelle in Gang zu bringen. Das bemerkt der Leser schon im ersten Kapitel und noch bevor der Berufsjugendliche Klaus Buch einen Fuß in die Novelle gesetzt hat. Helmut Halm leidet im Café der Uferpromenade unter den »hell- und leichtbekleideten Braungebrannten«, die ihm zum einen seine Blässe, zum anderen sein fortgeschrittenes Alter vergegenwärtigen: »Jede zweite Erscheinung hier führte ein Ausmaß an Abenteuer an einem vorbei, daß das Zuschauen zu einem rasch anwachsenden Unglück wurde. Alle, die hier vorbeiströmten, waren jünger.« Seine Frau genießt das Bad in der Menge, aber für Helmut ist der Rückzug in die abgeschottete Privatheit die reizvollste Perspektive, er sehnt sich nach einem Plätzchen »hinter den geraden Gittern der Ferienwohnung« (9 f.).

Das Thema Midlife-Crisis liegt im Psychoboom der 70er-Jahre in der Luft, als die Suche nach Selbstverwirklichung zu einer Art Volkssport wird. So erscheint zum Beispiel 1976 die Übersetzung von Gail Sheehys Erfolgsbuch *In der Mitte des Lebens: Die Bewältigung vorhersehbarer Krisen* und in den beiden Jahren darauf Hermann Schreibers *Midlife crisis. Die Krise in der Mitte des Lebens* und Burkhardt Kiegelands *Kleiner Knigge für die Midlife-crisis.* Halm und Buch befin-

Psychoboom

den sich also in einem Alter, in dem sie nicht nur darauf schauen, wie lange sie bereits gelebt haben, sondern sich abzählen, was noch vom Leben bleibt. Was haben sie wirtschaftlich und sozial zur Mitte des Lebens erreicht, um gesichert die folgenden Jahre anzugehen? Ist das Privatleben so beschaffen, dass es in der bekannten Form für einen weiteren Lebensabschnitt taugt und zufrieden macht? Wie sieht es also mit Partnerschaft und Sexualität aus, wenn es denn nach diesem Leben keine zweite Chance gibt?

Gesellschaftliche Erwartungen und eigenes Vermögen klaffen bei den Männerfiguren auseinander, so dass sie sich Strategien überlegen, mit diesem äußeren Druck zurechtzukommen. Halm verweigert sich auf den ersten Blick solchem Druck und flüchtet sich in Rollen, die seiner Umwelt ein anderes Bild seiner Person vorgaukeln: »Sobald es ihm gelang, Fehlschlüsse zu befördern, fühlte er sich wohl« (12). Halm plagen aber unterschwellig Versagensängste, was seine sexuelle Leistungsfähigkeit angeht. Das belegen seine Erinnerungen an eine bedrückende Nacht im italienischen Hotel Grado, wo nebenan ein sexueller Kraftprotz vernehmlich am Werk ist. Sabine »mußte, mußte, mußte ihm das doch vorwerfen, daß er kein solcher Hammer war. Beide lagen und hörten nur noch, was ein Mann leisten kann« (66). Helmut versucht sich aus seiner Misere dadurch zu retten, dass er sich öffentlich so verhält, wie man es von ihm erwartet, und privat seine wahren Wünsche zu leben versucht. Sein Dilemma: Das Private lässt sich vom Öffentlichen nicht mehr sauber trennen, die Prinzipien Leistung und Jugendlichkeit haben beide Felder besetzt. Das zeigt – neben der Situation im Hotel – das Wiedersehen mit Klaus Buch. Die tröstende Vorstellung, sich we-

Flucht ins Private

nigstens in den intimsten Bereich flüchten und dort noch verwirklichen zu können, erweist sich als trügerische, später auf dem Boot als lebensgefährliche Fiktion. Was Halm folglich mit allen Mitteln zumindest im Urlaub vermeiden möchte, geschieht durch den Auftritt seines vergessenen Schulfreundes. Er muss in einen Wettbewerb treten, was Aussehen, Esprit und Potenz betrifft. Vor diesem Klaus Buch, der »penetrant Eau de Spontan«[7] versprüht und Halm so das Leben zunehmend qualvoller macht, lässt sich nicht fliehen. Zudem fühlt sich Sabine von Klaus und Helmut von Hel angezogen.

Sport und Lebensleerlauf

Buch reagiert im Gegensatz zu Halm auf die Midlife-Crisis, indem er versucht durch Sport und eine neue Frau seine Furcht vor der Zukunft zu kompensieren. Seine Aktivitäten im Freizeitbereich lenken jedoch nur davon ab, wie erfolglos er im Beruf ist. Dass solche Unsicherheit über die eigene gesellschaftliche Position sich auch auf das Verhältnis zu seiner Frau auswirkt, zeigt sein ständiges fragendes Nachhaken »Du magst mich nicht mehr, gell?« (46).

Legt Walser seine Männerfiguren polar an, so verraten ihre Namen – trotz des unterschiedlichen Verhaltens von Halm und Buch – einige Gemeinsamkeiten. In dieser Hinsicht weist zum Beispiel Klaus' Nachname Buch aufs Lesen, eine der liebsten Beschäftigungen Halms, aber auch die eigenen Publikationen hin. Halm hingegen trägt einen Naturbegriff als Nachnamen, der eher zur Sphäre von Klaus Buch passt, darüber hinaus das Anpasserische seiner Person beschreibt: biegsam wie ein Halm im Wind.

Die Frauen der beiden sind zwar Randfiguren, übernehmen aber eine dramaturgisch wichtige Funktion in der

Novelle. Ohne Sabine Halm käme es gar nicht dazu, dass sich der Konflikt mit den Buchs entwickelt. Zunächst ist da ihr zufällig zu langes Verweilen auf der Promenade – »Nur noch eine Minute, sagte sie« (18) –, dann ihre Sympathie für den forschen und auch charmanten Klaus Buch. Hel ist im Sinne der griechischen Helena »Trophäe« (21), ihre Funktion liegt darin, den Schleier zu lüften, hinter dem sich der wahre Klaus Buch verbirgt. Zudem verkörpert sie zunächst als Ideal jene Träume von Jugendlichkeit, denen die beiden reifen Herren nachhängen. Erst als ihre beschädigte Seele zum Vorschein kommt – Hel als von Klaus drangsalierte und dominierte junge Frau, die ihr Studium abbrechen musste –, relativiert sich das Bild. Sabine Halm ist vor diesem Hintergrund eine unscheinbare, fast mütterliche Dulderin, die ihrem Mann den Rücken stärkt, sein kleinbürgerliches Lehrerdasein trägt und ihn nicht jenen Leistungsdruck spüren lässt, dem sich Halm verpflichtet fühlt.

Schwerer Seegang

Der Bodensee zeigt sich für die Segelpartie zunächst völlig wellen- und windlos und verbildlicht jene Flaute zur Hälfte des Lebens, gegen die Helmut und Klaus mit verschiedenen Strategien angehen – mit Übereifer der eine, mit großer Ruhe der andere. In Klaus' Flüchen auf den windstillen Bodensee spricht sich die Lebenskrise beider Männer bildhaft aus. Dieser See sei »ein impotenter Sack«, der Klaus und Helmut einen »Nachmittag im Jenseits«, im »Totenreich« beschere; das sei doch nur etwas »für Opas, in

Der Held und sein Wetter

deren Wipfeln Ruh ist« (106). Die Helden passen zum herrschenden Wetter: Die oberflächliche Windstille lenkt nur von einem bevorstehenden Sturm ab.

Das Duell

Auf dem Segelboot befinden sich beide in einer insularen Situation, abgekapselt von der Umwelt, hier gelten eigene Gesetze. Man müsste sich auf dem Boot, wo niemand lauscht und zuschaut, nichts mehr vorspielen. Aber selbst hier hält der Schein noch. Stoisch erträgt Halm Buchs niederschmetternde Erkenntnis, dass beide nur Halbheiten seien, erst zusammen einen gerundeten Menschen ergäben: »Was ich bräuchte, ist ein Mensch wie du, Helmut« (109). Erst als es gleichsam wie in einem Duell aufs Ganze geht, Klaus alle Unwetterwarnungen in den Wind schlägt, muss eine Entscheidung her. Das Segelboot hält, aber beide Akteure erleiden Schiffbruch. Klaus geht über Bord und Helmut kann seinem unterdrückten Lebensjammer Luft machen: »Jetzt durfte er seine Schreie ausstoßen, in so langen und so hohen Tönen wie er wollte« (122). Diese Katastrophe der Protagonisten führt Walser auf die Tatsache zurück, dass Halm und Buch »in einer Gesellschaft leben, in der sie sich messen müssen, die ihnen diese Konkurrenz-Mentalität vorschreibt: eine Gesellschaft, in der man recht haben muß, in der richtig sein muß, was man macht«[8].

Der Schluss fällt insofern aus dem Rahmen, als ein langer Monolog Hels enthüllt, was in den übrigen Kapiteln bereits zwischen den Zeilen zu lesen ist. Der Rollentausch – die Halms werden sportiv, Hel raucht und trinkt – verdeutlicht, dass sich die Probleme nicht durch eine andere Verkleidung lösen lassen. Schon längst ahnt der Leser, dass Klaus »auf dem falschen Dampfer« (138) ist. Hier werde mit dem Holzhammer klargemacht, so Benjamin Henrichs in der *Zeit* vom 24. Februar 1978, wer bei diesem Kampf nicht nur nach Punkten verloren hat. »Ein bereits Erledigter«, so Henrichs Lesart des Schlusses, »wird noch einmal vom Boden hochgerissen und, obwohl längst knockout, noch mal k. o. geschlagen. Hat es auch jeder begriffen?«

Warum also diese ausführliche Schilderung von Klaus Buchs verfehltem Leben? Blickt der Leser auf den, der die Geschichte erzählt und verantwortet, so ist folgende Spekulation nicht ganz von der Hand zu weisen: Möchte vielleicht Helmut Halm, der Erzähler, diese Niederlage von Klaus noch einmal in allen Details auskosten, und widmet er deswegen Hels Geständnis so viel Raum?

Das fliehende Pferd

Zu den herausragenden Motiven der Novelle gehört das des fliehenden Pferdes, das im sechsten Kapitel leibhaftig erscheint und »an den Wanderern in vollem Karacho und mit krachenden Fürzen« (88) vorbeiprescht. Zu Recht hat schon einer der ersten Rezensenten die tiefere Bedeutung dieses »Symbol-Gauls« (Benjamin Henrichs) erwähnt, der auf die unterschiedlichen Fluchten der beiden männlichen Hauptfiguren hinweist. Der Kontrast könnte in dieser Szene nicht größer sein: Klaus, der Naturbursche, schlüpft in die jeder einschlägigen Zigarettenwerbung würdige Rolle des Cowboys, der den wilden Mustang bezwingt, und Helmut, einmal mehr unterlegen, gelingt es gerade noch, seinen kleinen Hund zu bändigen.

Cowboy Klaus

Symbolisch verdichtet präsentiert sich dem Leser bei diesem Auftritt die Lebensstrategie der beiden Männer. Auf der einen Seite Klaus, der durch einen fulminanten Auftritt die Niederlagen im Beruf und die Furcht vor dem Altern vergessen lassen machen kann. Seine Flucht ist die nach außen, in die Selbstdarstellung, die bühnenreife Pose. Dazu passt auch sein klischeehaftes Wunschbild, auf die Bahamas auszuwandern. Auf der anderen Seite Helmut, der sich bei der gefahrvollen Szene unscheinbar am Rande hält und nach innen flüchtet. Er meidet jegliche Bühne und jegliches Aufsehen und versucht sein Versagen und das gespannte Verhältnis zu seinem Schulkameraden durch positive Bekräftigung zu kaschieren: »Helmut stimmte Klaus überschwenglich zu« (91).

Erzählen als Verbergen

Wäre Erzählen eine beredte Art des Verschweigens, könnte Helmut Halm als Meister dieser Form gelten. Sein gesamtes Erzähl- und Erinnerungsprogramm ist darauf abgestellt, *»inkognito«* (12) zu bleiben. So erfährt der Leser erst am Schluss der Novelle, dass es Halm selbst ist, der schon die ganze Zeit von Klaus, Hel, Sabine und sich erzählt. Mit diesem Wissen lässt sich deuten, warum ein Kierkegaard-Motto der Novelle vorangeht. Der Leser weiß von Halm bereits, dass er im Urlaub Kierkegaard lesen möchte. So wirken die Eingangsworte des dänischen Philosophen, hinter denen sich der Erzähler verbergen kann, gleichsam wie aus der Feder des Maskierungskünstlers Halm geflossen: »Ich sehe es für ein Glück an, daß in solcher Hinsicht diese Papiere eine Aufklärung nicht gewähren« (7). Aus diesen Worten spricht Halms Genugtuung, dass die aufreibenden Urlaubsereignisse – jedenfalls aus Halms Blickwinkel – weder einen Sieger noch einen Besiegten hervorgebracht haben. Die Lebensshow kann oder muss also, trotz offenbarer Blessuren, weitergehen.

Kierkegaards Pseudonyme

Warum Halm sich Kierkegaard als Philosophen für die mittleren Jahre des Lebens aussucht, hat seine Gründe. Wie Halm liebte es auch Kierkegaard, unerkannt zu bleiben. Fast alle seine Werke veröffentlichte er unter wechselnden Pseudonymen wie Constantin Constantius, Vigilius Haufniensis oder Johannes de Silentio, obwohl er rasch als Urheber seiner Werke bekannt war.[9] Auch hier also eine Parallele zu Halm, der sich spätestens auf Seite 150 nicht mehr hinter der dritten Person Singular des Erzählers verbirgt. Bei Kierkegaards Schrift *Entweder – Oder*, der das Motto entstammt, ist der Fall noch vertrackter. Hier gibt ein fiktiver Victor Eremita Papiere und Briefe zweier Personen, A und B, sowie das Tagebuch des Verführers heraus. Wie Halm ermöglichen Kierkegaard die Pseudonyme Distanz zur eigenen Autorschaft, eine Objektivierung des Geschriebenen, Erzählten. Sie lenken vom Verfasser (der Geschichte) ab und leiten den Leser an, das Erzählte unabhängig vom Herausgeber bzw. Erzähler zu beurteilen. Kierkegaard interessiert sich im Rahmen seiner Existenzanalyse darüber hinaus – wie der Erzähler Halm – für das Leben Einzelner, nicht für die Gesellschaft an sich. Die Vorliebe für Kierkegaard erklärt umgekehrt, warum Halm nicht mehr dem Hausheiligen seiner Jugend, Friedrich

Zarathustras Fußstapfen

Nietzsche, anhängt. Wird mit *Zarathustra* jene Schrift zitiert, in der sich beispielhaft die Übermenschen-Philosophie Nietzsches ausspricht, so passt das nicht mehr zu Halms reifem Bekenntnis zum Kleinbürgertum: »Wenn ich überhaupt etwas bin, dann ein Kleinbürger. Und wenn ich überhaupt auf etwas stolz bin, dann darauf« (96). Aus dieser Sicht ist die Nietzsche-Lektüre nicht mehr als eine Jugendsünde, die – außer einem schlechten Gewissen, nicht in die überirdisch-übermenschlichen Fußstapfen Zarathustras gepasst zu haben – keine Folgen hat. So eignet sich Kierkegaard, der Verberger, besser für Halms Lebensstrategie.

Das Verbergen setzt sich bei Halm in der Art und Weise des Erzählens fort. Halm sagt nicht Ich, sondern erzählt in der dritten Person, womit er eine scheinbar neutrale Erzählhaltung erprobt. Aber ob erste oder dritte Person Singular – die Sicht auf die Ereignisse bleibt die Helmut Halms, der seine Interessen beim Erzählen mehr oder weniger heimlich einfließen lässt. An vielen Stellen kommt seine Meinung im Lichte der Ironie zum Vorschein, wenn er zum Beispiel genüsslich die lapidaren Buchtitel der Buchs zitiert – »Aufzählung des Grünen« (42) und »Laß Europa aus dir trinken« (44) – oder fortwährend Claus fälschlich als Klaus benennt (vgl. 93,22 f.), wenn freilich auch dieser Unterschied im mündlichen Vortrag nicht auffällt. Die Ironie, mit der Halm sein Umfeld überzieht, schützt ihn vor seiner Umwelt und gibt ihm die Möglichkeit, den Ernst einer Situation zu relativieren. Als beispielswcise Sabine auf Helmuts stetes wie vergebliches Bemühen hinweist, ein Buch zu schreiben, reagiert er auf die ›erfolgreichen‹ Autoren Klaus und Hel Buch geradezu hämisch-herablassend, als wolle er sagen: dann lieber ohne Veröffentlichung bleiben. »Helene Buch hat also auch schon geschrieben. Ja, so was. Über Kräuter. Und Klaus hat sogar schon mehreres veröffentlicht. Über das Essen allgemein. Aha« (44).

Ironie und Häme

Auf Sabines Wunsch tut Helmut letztendlich das, was er sonst verabscheut – von der Vergangenheit zu berichten:

»Jetzt fange ich an, sagte er. Es tut mir leid, sagte er, aber es kann sein, ich erzähle dir alles von diesem Helmut, dieser Sabine« (151). Der große Verheimlicher gibt, weich gebettet in zahlreiche Kommentare, etwas von sich preis. Dieser Schluss wirft Fragen auf, die die Novelle, getreu ihrem Motto, nicht löst: Erzählt Halm eine Rechtfertigungsgeschichte nach der Katastrophe auf dem See? Oder versucht er, über das Erzählen nachträglich Klaus Buch zu besiegen, indem er seine Domäne, das Erinnern, besetzt und für die eigenen Zwecke nutzt? Oder erhält Halms Erzählen Züge eines Rituals, das ihn von Schuld reinigen soll, wenn man auf die Messformel »Qui tollis peccata mundi« (150) blickt? Dann wäre die Kreisstruktur der Novelle als literarische Form der Gebetsmühle vergleichbar, die mechanisch ihre Arbeit tut, auf dass der Büßer allmählich und ohne allzu tiefe Reue seine Verfehlungen abträgt. Zu diesem Bild passt auch, dass literarhistorisch Novellenzyklen häufig von einer Geschichte gerahmt werden, die während einer Notsituation spielt, sodass die einzelnen Novellen die Rahmenhandlung – wie die der mittelalterlichen Pestzeit in Boccaccios *Decamerone* – reflektieren, kontrastieren und deuten.

Erzählen als Rechtfertigen?

Ein fliehendes Pferd in der Literaturgeschichte

Walser vertraut bei seiner Bodenseegeschichte einem alltäglichen Erzählstoff – und damit steht er zu dieser Zeit nicht allein. Besonders in den 70er-Jahren werden in der deutschsprachigen Literatur Tendenzen deutlicher, sich mit alltäglichen Geschichten zu beschäftigen. In Prosa und Ly-

Literatur und Alltag

rik etabliert sich eine Schreibweise, die von der Literaturkritik *Neue Innerlichkeit* und *Neue Subjektivität* getauft wird. Diese Wende zum Privaten geschieht nicht zuletzt aus dem Unbehagen an der so genannten *engagierten Literatur*, die mit Texten die Gesellschaft ändern, aufklären, verbessern wollte. Beispiele für diese eingreifende Literatur, die sich unter anderem an den Folgen des Zweiten Weltkrieges oder dem Vietnamkrieg der USA abarbeitet, sind so unterschiedliche Werke wie Rolf Hochhuths Drama *Der Stellvertreter*, Peter Weiss' Roman *Ästhetik des Widerstands* oder Erich Frieds Gedichtband *und Vietnam und*. Von dieser Richtung, die im Zusammenhang mit der Studentenbewegung und der außerparlamentarischen Opposition (APO) zu sehen ist, setzt sich Peter Handke mit *Die Innenwelt der Außenwelt der Innenwelt* bereits 1969 ab, womit er seine Zweifel an den Wirkungen von Literatur in einer massenmedial bestimmten Gesellschaft untermauert. Dafür belegt ihn ein Rezensent zwar mit dem Bannfluch »totaler Esoterik« (Karl Heinz Bohrer), was den Aufschwung dieser literarischen Richtung indessen nicht aufhält.

Walser als Bekehrter

Vor diesem Hintergrund lobt Marcel Reich-Ranicki Walser dafür, dass er – nach seinen ›engagierten‹ Anfängen als Romancier – mit dem *Fliehenden Pferd* jetzt zu den Bekehrten gehört. In seiner Rezension der Novelle schreibt Reich-Ranicki am 4. März 1978 in der *Frankfurter Allgemeinen Zeitung*, dass Walser »offenbar nicht mehr den Ehrgeiz« habe, »mit der Dichtung die Welt zu verändern. Er will nur ein Stück dieser Welt zeigen. Mehr sollte man von der Literatur nicht verlangen.« Das Etikett *Neue Subjektivität* täuscht für Walsers Novelle aber insofern, als damit ein beliebiger, interesseloser Blick auf die Gesellschaft gemeint sein könnte. »Soll das nun unpolitisch sein«, fragt Walser in der *Weltwoche* vom 15. März 1978, »einfach weil es hier keinen Chef, keinen bösen Unternehmer gibt? Das ist grotesk.« Beim *Fliehenden Pferd* handelt es sich daher um ein Werk auf der Grenze: das sich einerseits der Bildwelten *Neuer Subjektivität* bedient und andererseits seinen gesellschaftlichen Anspruch nicht verleugnet, ja in dieser Nahaufnahme zweier Männer, zweier Paare geradezu mustergültig verwirklicht. Reinhard Baumgart bringt das im *Spiegel* vom 21. Februar 1978 auf den Punkt: »Mit keinem Satz redet die Geschichte zur Lage der Nation. Und doch enthält sie als ganzes unsere Lage.«

7. Autor und Zeit

Wer ist dieser Martin Walser? Zunächst ein Monument von fünf Jahrzehnten deutscher Literaturgeschichte. Einer, der Gattungen erprobt hat, aber vor allem als Roman-Autor und einer von literaturpolitischen Reden im Gedächtnis bleibt. Nur wenige kennen den Lyriker Walser, den Essayisten, den Journalisten, den Theater-, Hörspiel- und Drehbuchautor. Wer Walser sagt, meint meist den, der über *Ehen in Philippsburg*, eine Trilogie über einen gewissen Anselm Kristlein, über den *Tod eines Kritikers* geschrieben und in der Paulskirche vom »Wegschauen« gesprochen hat. Gesellschaftskritiker hat man ihn geschimpft oder Kommunist und später Nationalist – in den verschiedenen Phasen seines Lebens gilt er jeweils als das, was gesellschaftlich auf der Schwarzen Liste steht. Walsers Leben umfasst jedoch mehr, als diese Stichworte unterstellen. Er ist einer, der Kämpfe mit seinem Verleger ausgefochten, viel über Geld geredet und geschrieben hat und aus all dem mit Haus und Grund, einem großen Werk und vielen Auszeichnungen hervorgegangen ist. Einer, an dem sich die Geister scheiden, der weiß, welchen Einfluss der Markt auf einen Schriftsteller ausübt, der die Macht der Medien gespürt und für eigene Zwecke genutzt hat.

Kindheit am Bodensee[10]

Am 24. März 1927 kommt Martin Johannes Walser in Wasserburg zur Welt. Seine Eltern, Augusta und Martin Walser, betreiben in dem kleinen Bodenseedorf eine Gastwirtschaft.

Sie liegt direkt gegenüber dem Bahnhof und ist ein Forum für Neuigkeiten aller Art. Was der junge Walser hier lernt? Aufs Reden kommt es an und aufs Geschichtenerzählen. Walsers Eltern führen die Restauration seit 1924 und verkaufen wegen der schlechten Geschäfte nebenbei Kohlen und Holz. Martin und sein Bruder Josef helfen im Geschäft mit, 1935 kommt Anselm Karl dazu.

Von der Bibel bis Karl May

Zu Walsers ersten Lektüren gehören Geschichten aus der Bibel wie die von David und Goliath, aber auch Volkstümliches von Peter Rosegger und Peter Dörfler, daneben 72 Bände Karl May und die Abenteuer Robinson Crusoes. Darüber hinaus glaubt der junge Walser an sein Talent als Sänger, und er fühlt sich durch den musizierenden und singenden Vater bestärkt. Die Mutter ist weniger Künstlerin als eine couragierte Geschäftsfrau, die ständig fürchtet, mit der Restauration bankrott zu gehen. Diese mütterliche Angst prägt ihren Sohn Martin, und so wird aus ihm ein Intellektueller, »der immer auch als Unternehmer am Markt operiert und die Zwänge des Geldverdienens offensiv thematisiert« (Jörg Magenau).

Auf der Oberschule

1938 stirbt Walsers Vater mit 47 Jahren. Die Mutter kümmert sich fortan allein um ihre minderjährigen Söhne. Nachdem Walsers älterer Bruder Josef in den Krieg muss, übernimmt Martin – neben Arbeit für den Kohlenhandel – Teile der Büroarbeit. Das führt zu Fehlzeiten in der Schule, und so fragt der Direktor die Mutter: Soll der Junge nun ein Oberschüler oder ein Kohlenarbeiter werden?

Martin Walser
Foto: Barbara Klemm

Seit 1938 besucht Walser in Lindau die Katholisch-Bayerische Realschule, für die er wie folgt empfohlen wird: »Martin ist groß gewachsen, gut ernährt, nicht ganz sauber, von großer Belesenheit.« Der Sohn eines Dorfgastwirts fühlt sich in der Stadt in puncto Sprache, Kleidung und Benehmen unterlegen – Schule macht ihm Angst. Walser reagiert sich mit Alkohol-Exzessen ab, zu denen er Freunde in die Wirtschaft in Wasserburg einlädt.

Seine Schulfreunde kennen Martin vor allem als Gedichteschreiber, der kein leeres Blatt duldet. Er liest intensiv Hölderlin, Klopstock, vor allem Stefan Georges »Verbalmarmor« beeindruckt ihn. Und so entstehen ein halbes Dutzend Bände mit Pennäler-Versen über Liebe, Sehnsucht und Einsamkeit.

Zweiter Weltkrieg und Abitur

Reichsmeister im Signalwinken bei der Hitlerjugend, dann Dienst an der Heimatflak und schließlich Arbeitsdienst – das sind Walsers Stationen im Zweiten Weltkrieg. Der Krieg ist ihm – obwohl sein Bruder Josef am 19. Oktober 1944 fällt – eine selbstverständliche Pflicht. Mit 18 gerät Walser in amerikanische Gefangenschaft. Sosehr er das Ende des Krieges begrüßt, so sehr empfindet er die Gefangenschaft als Niederlage. Walser baut einen Schutzwall aus Literatur um sich und liest im Lager ausführlich Adalbert Stifter.

Als Walser nach Wasserburg heimkehrt, lebt die Familie beengt im ersten Stock der Restauration; die Wirtschaft ist an eine Gastwirtsfamilie aus Friedrichshafen verpachtet. Martin verliebt sich in die Tochter der neuen Nachbarn, Katharina Neuner-Jehle. Sie heiraten fünf Jahre später.

Walsers Abschied von der Schule führt 1946 zu einem ersten Literaturskandal. Für die Abiturfeier dichtet er 120 Strophen, die Hohn und Spott über die Lehrer ausgießen und mit einer Utopie eines geläuterten Kollegiums schließen: »Ich will die Schüler ganz bestimmt / von nun an menschlicher behandeln / und ohne alle Tyrannei / sie durch mein Vorbild wandeln.« Dieser ernste Spaß kostet Walser fast das Abitur, versucht doch sein pikierter Direktor, ihm die Hochschulreife abzuerkennen und den Zugang zur Universität zu erschweren.

Lauter Spottverse

Auf Berufspfaden – Journalist oder Literat?

Walser drängt es zum Studium der Literatur. Unterstützt von einem Stipendium nimmt er im Wintersemester 1946 sein Studium an der theologisch-philosophischen Hochschule in Regensburg auf. Während dieser Zeit arbeitet er für die Studentenbühne, zunächst als Sänger, dann vor allem als Texter kabarettistischer Nummern. Zum Sommersemester 1948 wechselt Walser nach Tübingen, wo er für Literatur, Geschichte und Philosophie eingeschrieben ist. Ein älterer Kommilitone vermittelt Walser an den Hölderlin-Experten Friedrich Beißner. Das Studium fordert den jungen Walser, dennoch entstehen erste literarische Versuche wie *Schüchterne Beschreibungen* oder *Aus einem ernsten Buch*, die an Kafka – Walsers damaligen Lieblingsautor – und surrealistisches Schreiben erinnern.

Sänger und Texter

Sein Kommilitone Peter Adler stellt den Kontakt zu einer Presseagentur her. Nach dem Ankauf seiner Manuskripte durch die Agentur fließt ein erstes Honorar, für das sich Walser weiße Tennisschuhe leistet. Und am 29. September 1949 darf er in der *Frankfurter Rundschau* stolz seine erste Veröffentlichung lesen: eine Groteske namens *Kleine Verwirrung*.

Erste Veröffentlichung

Auch in Tübingen schreibt Walser Texte für die Studentenbühne. Diese Arbeit zahlt sich diesmal doppelt aus, denn im Zuge eines Kabarett-Programms zum 200. Geburtstag Goethes wird er mit dem Leiter der Tübinger Studentenbühne für den Hörfunk angeworben. Im Sommer 1949 beginnt er beim *Süddeutschen Rundfunk* in Stuttgart als freier Hörfunk-Mitarbeiter. Für seine Schriftstellerei ist der Rundfunk eine nützliche Vorschule, erhält er doch Einblicke in Bereiche, die ihm sonst verschlossen geblieben wären. In *Schicksale unserer Zeit* beschäftigt sich Walser zum Beispiel mit aktuellen sozialen Problemen.

Hörfunk und Promotion

Und das Studium? Friedrich Beißner stachelt Walser mit einer Randbemerkung – »So, Sie haben es also auch aufgegeben« – dazu an, noch zu promovieren. Walser lässt sich im Herbst 1950 für ein halbes Jahr als Rundfunkredakteur fest anstellen – seine erste und letzte feste Stelle –, um neben dem Dienst seine Doktorarbeit zu schreiben. Sein Thema: das literarische Handwerk Kafkas. Nach dem Rigorosum verwertet Walser seine Dissertation journalistisch in einem Aufsatz für Hans Werner Richters Zeitschrift *Die Literatur*. In Beißners Oberseminar trifft Walser seinen späteren Lektor und Verleger Siegfried Unseld und den Romanautor Walter Jens, der Walsers *Schüchterne Beschreibungen* vergeblich Rowohlt anbietet.

Solchen Rückschlägen auf dem Weg zum Autor steht Erfreuliches im Privaten und Beruflichen gegenüber. Einen Tag vor seinem 25. Geburtstag kommt Walsers Tochter Franziska zur Welt, tags darauf wird sein erstes Hörspiel *Die Dummen* ausgestrahlt. Als Walser *Zeichen der Zeit* vorbereitet, nimmt er Anfang 1952 erstmals Kontakt zum Suhrkamp Verlag auf und eröffnet damit beiläufig eine Korrespondenz, die über 50 Jahre reichen wird.

Walser arbeitet erfolgreich für den Funk, sieht seine Berufung aber in der Schriftstellerei. Seit 1952 bemüht er sich intensiver, in den Literaturbetrieb hineinzukommen. Ein Kontakt zur »Gruppe 47«, der maßgeblichen Autorenvereinigung nach dem Krieg, wäre dafür bestimmt hilfreich. Eine Anekdote überliefert seine erste kaltschnäuzige Begegnung mir dem Mentor dieser Gruppe, Hans Werner Richter. Während Walser im Oktober 1951 journalistisch von einem Treffen der »Gruppe 47« berichtet, kommt Richter auf den Ü-Wagen zu, um zu fragen, ob es Probleme gebe. Walser angeblich darauf: »Technisch ist das einwandfrei. Aber die Lesungen sind sehr schlecht [...], das kann ich viel besser.« Walsers Kontaktarbeit führt letztlich dazu, dass er 1953 bei der »Gruppe 47« seine Erzählung *Das Gerät* vorlesen darf. Siegfried Unseld, der Walser begleitet, erlebt, wie die Erzählung des »schwäbischen Kafka« – so die *Frankfurter Allgemeine Zeitung* – durchfällt. Kein Verlag möchte Walsers Manuskript, auch nicht Suhrkamp, für den Unseld lektoriert. Unseld tröstet Walser: Sein *Gerät* stehe »turmhoch über all den Einsendungen, die wir im Lektorat über uns ergehen lassen müssen«. So wird Unseld bald – neben Walsers Frau Käthe, die alle handschriftlichen Manuskripte abtippt – zum ersten Leser von dessen neuen Projekten.

Ende Juli 1953 siedeln die Walsers nach Korb im Stuttgarter Raum um. Walser klagt zu dieser Zeit über die »sinnlose

Betriebsmühle« des Rundfunks und hätte gern ausschließlich literarisch gearbeitet – aber wie soll davon eine Familie leben? Kollegen begeistern Walser fürs Fernsehen, das als neues Medium mehr und mehr Bedeutung erhält: Für den ersten Fernsehfilm des Süddeutschen Rundfunks schreibt Walser mit Peter Adler das Drehbuch.

Als Schriftsteller erlangt Walser größere Aufmerksamkeit, als er sich mit dem Hörspiel *Ein grenzenloser Nachmittag* auf eine realistische Schreibweise einlässt. Damit beschäftigt sich sogar die Jury, die den renommierten »Hörspielpreis der Kriegsblinden« vergibt. Den erhält Walser nicht, dafür aber im Mai 1955 den Preis der »Gruppe 47« für seine Erzählung *Templones Ende.* Mit diesem Preis im Rücken klappt es jetzt auch bei Suhrkamp. Im Herbst 1955 debütiert Walser mit seinem Erzählungsband *Ein Flugzeug über dem Haus.* Im Mai 1956 zwingen Gallenbeschwerden zu einer Kur in Bad Mergentheim. Peinlich genau notiert Walser, was diese Pause den Freiberufler kostet – keine Einnahmen, aber 4,40 Mark für ein Buch über Gallenbeschwerden, 5,15 Mark für Tabletten, gar 40 Mark für die Kurkarte.

Preis der »Gruppe 47«

Von Korb zieht Walser Ende 1956 mit der hochschwangeren Käthe nach Friedrichshafen, wo sie bis 1968 bleiben. Walser hofft durch den Wechsel, ruhiger schreiben und mit der Familie günstiger leben zu können. Ruhe lässt ihm seine Gesundheit jedoch nicht. Gallensteine und eine Bauchfellentzündung fesseln ihn 63 Tage ans Krankenhaus, er magert auf gut 60 Kilo ab. Seine Frau Käthe lässt sich in dieser Zeit ebenfalls ins Ulmer Krankenhaus einweisen und bringt Tochter Johanna zur Welt.

Romandebüt mit dreißig

Walsers erster Roman, *Ehen in Philippsburg* (1957), wird wohlwollend besprochen und verkauft sich ordentlich. Übersetzungen für England, Norwegen und Italien sind geplant, eine Lizenzausgabe für die DDR ist im Gespräch. Und mit seinem Lektor Unseld duzt er sich fortan. Was weiteren Auftrieb gibt: Walser erhält für seinen Roman den mit 10 000 Mark dotierten »Hermann-Hesse-Preis«. Den Scheck übergibt Walser seiner Mutter; sie soll merken, dass Schriftstellerei ein richtiger Beruf ist.

Eine kleine monatliche Pauschale, die Unseld anbietet, um ihm beständiges Schreiben zu ermöglichen, lehnt Walser ab. Schließlich will er sich nicht verschulden und so unter Erfolgsdruck setzen. Walser versucht auf riskantere Weise, wohlhabend zu werden. Er besucht regelmäßig Spielbanken und hofft so, sein Geld durch Glück zu vermehren. Das Gegenteil ist der Fall. Seine Spielsucht und seine Verluste gehen so weit, dass er Unseld um einen Vorschuss bitten muss. Höchst peinlich für Walser, der fortan dem Laster abschwört und in den nächsten Jahren lediglich in die Süddeutsche Klassenlotterie investiert.

Spielsucht

Lernt Walser für die literarische Kurzstrecke intensiv von Kafka, so wird für die Langstrecke Marcel Proust sein Vorbild. Seine Proust-Lektüre und ein Amerikastipendium zu Henry Kissingers »Harvard International Summer School« im Sommer 1958 legen den Grundstein für seinen nächsten Roman *Halbzeit*. Wie eng Welt und Literatur bei Walser zusammenhängen, zeigt die Tatsache, dass die dritte, 1960 geborene Walser-Tochter, Alissa, auf den Namen einer Figur aus *Halbzeit* hört.

Nach dem Tod Peter Suhrkamps im März 1959 leitet Unseld den Verlag. In diese Zeit fällt Walsers erster Kontakt zu dem DDR-Autor Uwe Johnson, dessen *Mutmaßungen über Jakob* Unseld nach der Übersiedlung Johnsons in den Westen veröffentlichen will. Walser befreundet sich schnell mit Johnson, und beide stachelt der Wunsch an, als erster den ›großen deutschen Roman‹ zu schreiben.

Anfang der 60er-Jahre erprobt sich Walser auf einem anderen Feld, das gute Einnahmen verspricht. Mit dem im November 1961 uraufgeführten Stück *Der Abstecher* versucht er sich als Theaterautor. Es bringt bis zum Ende der 60er-Jahre über fünfzig Inszenierungen und gute Einnahmen.

Wasserburger Treffen

Im Juni 1962, beim so genannten »Wasserburger Treffen«, ist es maßgeblich Walser, der Unselds Plan einer Taschenbuchreihe stützt. So kommt die *edition suhrkamp* mit ihren bunten Bändchen in die Welt, die in den 60er- und 70er-Jahren ein Forum für junge Literatur, linke Intellektuelle und theoretisches Material zu gesellschaftspolitischen Diskussionen bietet. Walser und Unseld, das bekräftigt das Treffen in Wasserburg, rücken ständig näher zusammen.

Am 20. Dezember 1963 beginnen die Auschwitz-Prozesse in Frankfurt am Main. Sie sollen die Aufarbeitung der deutschen Vergangenheit leisten. Ein wichtiges Datum, da nun offiziell und juristisch der deutschen Schuld im Dritten Reich nachgegangen wird. Regelmäßig besuchten Walser und mit ihm auch Autoren wie Max Frisch und Peter Weiss den Prozess. Walser versucht damals schon, die Folterknechte und KZ-Wärter nicht als Bestien oder Teufel anzusehen, sondern sich zu fragen, wie *Menschen* zu solchen Untaten in der Lage sein können. Darüber denkt er in seinem Essay *Unser*

Auschwitz und seinem Bühnenwerk *Der schwarze Schwan* nach. Walser arbeitet fleißig, aber der Erfolg stellt sich – gerade bei den Werken für die Bühne – in dieser Zeit nicht ausreichend ein. Unseld sieht weiterhin die Prosa als Feld Walsers, was anlässlich des *Schwarzen Schwans* zu Unstimmigkeiten führt. Fast 100 000 Mark Schulden, so die Bilanz im Jahre 1964, und nichts mehr in der Schublade, aus dem sich kurzfristig bare Münze machen ließ. Die gelegentliche Lektorentätigkeit für Unseld poliert diese Ergebnisse nicht wesentlich auf.

1965 widmet sich Walser wieder der Prosa, *Das Einhorn* entsteht. Zur selben Zeit denkt er über Haus und Grund am Bodensee nach. Mit dem *Einhorn* unterstreicht Walser, dass solche Pläne zukünftig von einem Erfolg als Schriftsteller gedeckt sein könnten – rund ein Jahr steht der Roman auf der *Spiegel*-Bestsellerliste.

Im März 1967 stirbt Walsers Mutter.

Politisches Engagement

In den 60er-Jahren ist Walser politisch sehr aktiv – ob für den Schriftstellerverband, anlässlich des Mauerbaus, während des Prager Frühlings oder Westdeutschlands Rechtsrutsch in der Zeit des »Völkermords in Vietnam« (Walser). Solches Engagement passt immer weniger zum Konzept der »Gruppe 47«, die sich als politisch neutral versteht. So überrascht es nicht, dass 1963 die letzte Tagung der »Gruppe 47« stattfindet, während draußen vor der Tür Studenten mit Schildern wie »Hier tagt die Familie Saubermann« protestieren. Walsers Kritik des amerikanischen Vietnamkriegs sowie sein marxistischer Jargon bringen ihm das Etikett »Kommunist« ein, keine Erfolgsmarke in einer restaurativen Gesellschaft.

Gerade in dieser politisch bewegten Zeit wird Walser Eigenheimbesitzer. Vor allem seine *Zimmerschlacht*, über Jahre eines der meistgespielten Stücke auf deutschen Bühnen, macht dies möglich. Für rund eine halbe Million Mark kauft er 1968 in Nußdorf ein Haus direkt am See. Genauso wenig wie ein Haus passt zu einem Linksintellektuellen, dass er nach einem Lektorenaufstand im Hause Suhrkamp quasi als Streikbrecher das Theaterlektorat übernimmt.

Das Verhältnis zu Unseld wird schwieriger, als dieser Walsers *Der Grund zur Freude. 99 Sprüche zur Erbauung des Bewußtseins* nicht drucken möchte. Zu platt scheint Unseld Walsers Bekenntnis zum Sozialismus. Verschärft wird der Konflikt, als Walser merkt, dass Uwe Johnson – mittlerweile Büchnerpreisträger – Platz eins in der Verlegergunst einnimmt.

Walser ist in dieser Zeit enorm produktiv, wenn man berücksichtigt, dass er rund ein Drittel des Jahres herumreist. Im Juli 1973 lehrt Walser beispielsweise in Vermont am Middlebury College, wo er über Legitimation und Ironie spricht. Nachdem sich die Amerikaner aus Vietnam zurückgezogen haben, sind die USA wieder ein Reiseziel für ihn.

Kristlein-Trilogie

Mit *Der Sturz* beendet Walser seine Trilogie um den Anpassungsspezialisten Anselm Kristlein. Das Buch verkauft sich mittelprächtig und wird von der Kritik nicht sonderlich geschätzt. Walser, mittlerweile ein bekannter Autor, wartet noch immer auf einen Bestseller. Vor diesem Hintergrund setzt er auf seinen Roman *Jenseits der Liebe* große Hoffnungen. Umso enttäuschter ist Walser, als er am 27. März 1976 Marcel Reich-Ranickis Kritik in der *Frankfurter Allgemeinen Zeitung* liest, Höhepunkt einer seit 15 Jahren andauernden Abkanzelung durch den Kritiker. »Es lohnt sich nicht«, so Reich-Ranicki, »auch nur ein Kapitel, auch nur eine einzige Seite dieses Buches zu lesen.«

Endlich ein Bestseller

Zur Lockerung schreibt Walser nach *Seelenarbeit* (1977) zwischen dem 21. August und 15. September 1977 eine Novelle: *Ein fliehendes Pferd*. Während Deutschland von Terroristen der »Rote Armee Fraktion« (RAF) in Atem gehalten wird, vollendet Walser seine Geschichte um den Überdruss und die Daseinsnot zweier Ehepaare, die nichts von der brisanten politischen Zeit merken lässt. Mit dieser Gelegenheitsarbeit, als Vorabdruck in der *Frankfurter Allgemeinen Zeitung* ab dem 24. Januar 1978 zu lesen, überzeugt Walser die gesamte Literaturkritik – selbst Reich-Ranicki, der Walser als »Meister der Beobachtung und der Psychologie« feiert. Wollte Reich-Ranicki honorieren, dass sich Walser vom Weltverbesserer zu einem Autor gewandelt hatte, der private Stoffe präsentiert? Ein Effekt dieser Wende: Die beiden scheinen ein Stück weit ihre Differenzen zu vergessen und unterhalten mit ihren Gesprächen bei den nicht seltenen Begegnungen wie ein »Clownspaar« (Walser) die Gäste. Zu Reich-Ranickis 65. Geburtstag dichtet Walser in diesem Sinne: »Clowns sind wir, der Zirkus heißt Kultur / Unsre Nummer: Watschen mit Gesang. / Streicheln dürfen wir uns nur / Draußen in dem dunklen Gang.«

Das *Fliehende Pferd* lässt Walser hoffen, endlich nur noch von der Schriftstellerei leben zu können. 1980 sind die Aussichten rosig: gute Verkaufszahlen bei den aktuellen Büchern, im Herbst die Frankfurter Poetik-Vorlesungen und der »Schiller-Gedächtnis-Preis«, und fürs nächste Jahr kündigt Walser seine *Jagdnovelle* an. Als Krönung dieser Entwicklung erhält Walser 1981 den »Georg-Büchner-Preis«. Weitere Ehren folgen: 1983 die Ehrendoktorwürde der

»Büchner-Preis«

Universität Konstanz, 1984 wird er Ehrenbürger seiner Heimatstadt, und im Sommer 1985 kommt in Meersburg sein *Fliehendes Pferd* als Theaterstück auf die Bühne.

Vom Kommunisten zum Nationalisten?

Einschlägiges zur deutschen Nation und ein deutsch-deutscher Eheroman wie *Dorle und Wolf* tragen Walser in der Kohl-Ära den Ruf eines Reaktionärs, ja Schönfärbers ein – und dann noch das Große Bundesverdienstkreuz im Jahre 1987! Politisch engagiert sich Walser in dieser Zeit jedoch für die Grünen und setzt sich für einen gesellschaftlichen Dialog mit den RAF-Häftlingen ein. Von allem bleibt öffentlich nur jener Walser übrig, der das geeinte Deutschland heraufbeschwören möchte.

Walser beschäftigt sich in dieser Zeit intensiv mit dem biographischen Material eines bundesdeutschen Verwaltungsjuristen, der aus Dresden stammte. Daraus wird *Die Verteidigung der Kindheit,* die nicht nur in den Feuilletons als Beitrag zur deutschen Einheit gelobt wird. Damit setzt bei Walser insofern eine neue Werkphase ein, als er nun bei seinen Romanen verstärkt auf biographisches Material zurückgreift und wie später in *Finks Krieg* oder *Der Lebenslauf der Liebe* Lebensgeschichten nachzeichnet.

Immer wieder ergeben sich zwischen Unseld und Walser Konflikte wegen der Honorare – der Verleger glaubt in der Regel, gute Angebote zu unterbreiten, Walser hält sich meist für unter Wert verkauft. Als beispielsweise *Finks Krieg* floppt, wirft er Unseld mangelnde Werbung für den Roman vor. Weitere Verstimmung gibt es zwischen beiden, als Walser-Gedichte bei einem anderen Verlag erscheinen, da der

Autor bei Suhrkamp nicht die nötige Begeisterung für seine Lyrik spürt.

Walser als Buchverkäufer

Buchtitel:	Verkaufte Exemplare:
1. *Ein fliehendes Pferd*	751 000
2. *Brandung*	292 000
3. *Die Verteidigung der Kindheit*	286 000
4. *Ehen in Philippsburg*	258 000
5. *Das Schwanenhaus*	204 000
6. *Das Einhorn*	192 000
7. *Seelenarbeit*	185 000
8. *Halbzeit*	174 000
9. *Jenseits der Liebe*	145 000
10. *Jagd*	105 000

Verkäufe bis Juli 1993

Ruhm und Gesundheit

Im reiferen Alter stimmt Walser seine Arbeit gut auf die Möglichkeiten des Körpers ab, besonders das ständige Unterwegs geht mit den Jahren auf die Gesundheit. So ist ein Eingriff am Herzen nötig, um das Infarktrisiko zu mindern, und nach *Finks Krieg* schreibt Walser wegen Rückenschmerzen in einer Art Astronautensitz. Dazu Schwimmen, Gymnastik und Yoga, Arbeit von elf bis gegen halb zwei. Am Mittag informiert er die Familie über die Fortschritte der Arbeit. Dann mit Hund ein zügiger Spaziergang am See und von vier bis ca. acht weitere Arbeit an aktuellen Projekten.

Walsers Rang in den 90er-Jahren unterstreicht die zwölfbändige Werkausgabe, die bei Suhrkamp als Ehrengabe zu seinem 70. Geburtstag erscheint. Öffentlich erreicht Walser als Autor des geeinten Deutschlands den Zenit seines Ruhms. Mit Unseld regelt er 1997, wie nach dem Tod des Verlegers mit seinem Werk zu verfahren sei. Diese Vereinbarung belegt, dass sich Walser schon länger nicht mehr bei Suhrkamp aufgehoben fühlt. Unseld sieht vor, dass Walser wechseln darf, wenn der Verlag neue Manuskripte von ihm ablehnt. Ein Testfall dafür tritt schon zu Lebzeiten Unselds mit dem Schlüsselroman *Abstieg vom Zauberberg* ein, in dem Walser in der Figur Stefan Bachs eine Rolle spielt. Ein Jens Walther, so das Pseudonym, hatte ihn mit intimer Kenntnis geschrieben. Walser erregt sich, dass Informationen aus Unselds Haus weitergegeben wurden. Vor allem misstraut er Unselds neuer Frau Ulla Bérkewicz. In diesen Kontext passt auch Walsers Nachricht, dass sein literarischer Nachlass vom Antiquar und Freund Heribert Tenschert betreut werde.

Ein Gespräch mit Unseld kittet notdürftig, was zu Bruch gegangen ist, die Konflikte setzen sich aber auf geschäftlicher Ebene fort. Streit entzündet sich an Walsers autobiographischem Roman *Ein springender Brunnen,* in dem »kuschelige Kindheitserinnerungen« (Jurek Becker) ans Dritte Reich unausgesprochen mit der kollektiven Erinnerung an die Nazi-Zeit kollidieren. Hier setzt Walser seine Linie fort, die er in Reden zuvor schon deutlich gemacht hatte: Normalität im Umgang mit der deutschen Geschichte anzustreben. Das gilt ebenfalls 1998 für die Diskussion um das Berliner »Mahnmal für die ermordeten Juden in Europa«. Walser ist dagegen, da er es für eine Gewissensfrage eines je-

Holocaust und Gedenken

den Einzelnen hält, sich mit den Verbrechen der NS-Zeit zu befassen. 1998 macht solch eine kritische Haltung zugleich verdächtig, vom Gedenken an den Holocaust ablenken zu wollen.

Jede Menge Unfrieden

Am 11. Oktober 1998 wird Walser in der Frankfurter Paulskirche der »Friedenspreis des Deutschen Buchhandels« verliehen. In seinem Festvortrag *Erfahrungen beim Verfassen einer Sonntagsrede* wendet sich Walser dagegen, Teile der deutschen Geschichte – Auschwitz – für fremde Zwecke auszunutzen. Ein Kernsatz seiner Rede, mit dem er medienkritisch gegen die ständig präsenten Bilder aus Konzentrationslagern im Fernsehen polemisiert und sich für ein sprachliches Erinnern einsetzt, lautet: »Auschwitz eignet sich nicht dafür, Drohroutine zu werden, jederzeit einsetzbares Einschüchterungsmittel oder Moralkeule oder auch nur Pflichtübung.«[11] Walser erntet Beifall für seine *Sonntagsrede*, einzig Ignatz Bubis, Vorsitzender des Zentralrats der Juden in Deutschland, wendet sich entschieden gegen Walser. Am nächsten Tag melden die Medien, Bubis habe Walser als »geistigen Brandstifter« bezeichnet – und damit ist der Beginn einer heftigen Debatte um Erinnern und Vergessen markiert. Um Walsers Medienkritik geht es nicht länger, sondern um das Verhältnis von jüdischen und nichtjüdischen Deutschen. Bubis legt am 9. November 1998 in einer Rede zum 60. Jahrestag der Reichspogromnacht nach. Walser habe »für eine Kultur des Wegschauens und Wegdenkens« gestimmt, »die im Nationalsozialismus mehr als

»Moralkeule« Auschwitz

üblich war«. Folge für Walser: Viele öffentliche Auftritte finden unter Polizeischutz statt, und es hagelt Proteste und Flugblätter. Walser steht im Verdacht, eine Wende zum Rechtsextremen gemacht zu haben. Für jeden, der seine Werke und seine komplette Rede kennt, ein unheimlicher Vorgang, der einmal mehr von der Macht der Medien erzählt.

Dieser großen Geschichte folgt ein kleines Nachspiel am Bodensee, als Walsers Heimatstadt seinem großen Dichtersohn ein Denkmal setzt: ein Reiterstandbild über einem Brunnen. Wen wundert es bei der Diskussion um das Berliner Mahnmal, wenn Walser verärgert auf dieses Bildnis seiner selbst reagiert? Er schaut sich das Mitte 1999 errichtete Standbild niemals an, wechselt deswegen gar seinen angestammten Friseur.

Neues Jahrtausend, neue Skandale, neuer Verlag

Nach *Der Lebenslauf der Liebe* vollendet Walser ein Projekt, das er seit Marcel Reich-Ranickis Verriss von *Jenseits der Liebe* unter dem Kürzel *T. e. Kr.* führt. Als sich das Kürzel auflöst und noch bevor *Tod eines Kritikers* im Juni 2002 erscheint, steht der nächste Skandal ins Haus. Walser nimmt den Literaturbetrieb in seinem Roman aufs Korn und geißelt in der Figur André Ehrl-König seinen alten Widersacher Reich-Ranicki. Trotzdem geht Walser davon aus, dass die *Frankfurter Allgemeine Zeitung* seinen Roman, wie die sechs letzten auch, vorabdrucken wird. Dazu kommt es nicht. Stattdessen schreibt Frank Schirrmacher am 29. Mai 2002 in der *Frankfurter Allgemeinen Zeitung* einen offenen Brief an den Autor, in dem er Walser Antisemitismus vorwirft. Journalistisch infam ist an Schirrmachers Vorgehen, dass er eine Debatte um ein Buch anstachelt, das noch niemand hat lesen können. Und von der Hand zu weisen ist nicht, dass Schirrmacher – neben seinem moralischen Engagement – nach internen Niederlagen bei seiner Zeitung nun einen publizistischen Erfolg vorweisen musste. Der Vorwurf, antisemitisch zu schreiben, setzt Walser zu, er überlegt kurze Zeit sogar, nach Österreich umzusiedeln. Suhrkamp, ohne den kranken Unseld an Bord, reagiert erst nach über einer Woche zaghaft auf Schirrmachers Vorwürfe. Das bestärkt Walser darin, den Verlag zu verlassen. Ein klärendes Gespräch mit Unseld ist nicht mehr möglich – er stirbt am 26. Oktober 2002.

Suhrkamps Zögerlichkeit

Ende 2002 hat sich der Aufruhr um Walser gelegt. So gibt er sich im Februar 2003 während eines VS-Kongresses an der *Bundesakademie für kulturelle Bildung Wolfenbüttel* wieder gewohnt meinungsfreudig, als er den US-Präsidenten George W. Bush für sein Engagement im Irak-Krieg einen »zweitklassigen Cowboy« nennt. Wie sehr Walser als Synonym für Skandale gilt, zeigt im *Rheinischen Merkur* der Titel, unter dem *Meßmers Reisen* (2003) vorgestellt wird: »Skandalfrei und brillant«. Dennoch steht Walser kurze Zeit später wieder im Blickpunkt, als der Roman *Bleibtreu* von Martina Zöllner erscheint, die mit Walser gut befreundet ist. Hinter der Liebesgeschichte eines bekannten Philosophen zu einer wesentlich jüngeren Produzentin vermutet die Kritik ein Verhältnis zwischen Walser und Zöllner. Walser wird Thema der Boulevard-Presse, die sich für die wahre Geschichte um den alten Mann und das Mädchen interessiert.

Als nach Unselds Tod weitere Ansprechpartner Suhrkamp verlassen und Ulla Bérkewicz den Verlag führt, sieht Walser keine Perspektive mehr für eine Zusammenarbeit. Sein nächster Roman, *Der Augenblick der Liebe*, erscheint bereits bei Rowohlt. Aus den Gründen für seinen Wechsel macht er im *Spiegel* keinen Hehl, wo er sich in einem offenen Brief von Suhrkamp verabschiedet, aber ausdrücklich die »Tempelportiers« der Verlagsspitze ausschließt. Hier tritt er nochmals so auf, wie ihn der Literaturbetrieb seit Jahrzehnten fürchtet und schätzt – meinungsfreudig, mit Ellbogen und frei nach seinem Motto: »Ich bin kein Damenkränzchen.«

»Kein Damenkränzchen«

Werke

1955 *Ein Flugzeug über dem Haus und andere Geschichten.*
1957 *Ehen in Philippsburg.*
1960 *Halbzeit.*
1962 *Eiche und Angora.*
1966 *Das Einhorn.*
1967 *Die Zimmerschlacht.*
1969 *Aus dem Wortschatz unserer Kämpfe.*
1973 *Der Sturz.*
1976 *Jenseits der Liebe.*
1978 *Ein fliehendes Pferd.*
1980 *Das Schwanenhaus.*
1987 *Dorle und Wolf.*
1988 *Jagd.*
1991 *Die Verteidigung der Kindheit.*
1993 *Ohne einander.*

1996 *Finks Krieg.*
1998 *Ein springender Brunnen.*
2001 *Der Lebenslauf der Liebe.*
2002 *Tod eines Kritikers.*
2003 *Meßmers Reisen.*
2004 *Der Augenblick der Liebe.*
2004 *Die Verwaltung des Nichts.*
2005 *Leben und Schreiben.*

8. Rezeption

Voll des Lobes

Mit seiner Novelle *Ein fliehendes Pferd* glückt Walser der langersehnte Bestseller, und die Kritik ist sich beim Erscheinen über dieses Werk einig wie selten. Selbst Walsers langjähriger Kritiker Marcel Reich-Ranicki reiht sich in den Chor der Lobsänger ein, rühmt den Autor am 4. März 1978 in der *Frankfurter Allgemeinen Zeitung* als einer der ersten und hebt die »verführerische oder auch bezwingende Kraft« der Novelle hervor. Im ersten halben Jahr nach der Publikation erklären über 130 weitere Besprechungen in Zeitungen und Zeitschriften das Buch zu einem der ganz besonders lesenswerten Art. So wird in den *Frankfurter Heften* Walsers »Meisternovelle« gefeiert, die »ein Vergnügen und zudem ein Muß für jeden Freund zeitgenössischer Literatur« sei, wie die *Bücherkommentare* einstimmen. Walsers »Subtilität, die an Proust erinnert«, betonen die *Kritischen Blätter* und der *Vorwärts* macht die Novelle schlicht zum »Buch des Frühjahrs«. Den Gipfel literaturkritischer Werbesprache erreicht jedoch die *Stuttgarter Zeitung*: »Diese Geschichte könnte zu dem gehören, das einmal übrigbleibt von einem Jahrhundert«. Da lassen sich für Walser die wenigen kritischen Stimmen, die zum Beispiel das »öde […] Schlußkapitel« mit seiner »trivialsten Enthüllungsdramaturgie« (*Die Zeit*) aufs Korn nehmen, gut verschmerzen. Auf Walsers Novelle werden alle Etiketten aufgeklebt, die Autor und Verlag glücklich machen und einen guten Verkauf erhoffen lassen; mittlerweile hat das Taschenbuch 26 Auflagen erlebt, und insgesamt sind weit mehr als eine Million Exemplare der Novelle verkauft.

Zweitverwertungen

Bei diesem Erfolg scheint es folgerichtig, dass Walser weitere mediale Möglichkeiten nutzt, um die Novelle einem breiteren Publikum bekannt zu machen. So entstehen Mitte der 80er-Jahre – jeweils unter Mitwirkung des Autors – Fassungen für das Theater, das Fernsehen und den Hörfunk. Das Theaterstück *Ein fliehendes Pferd*, das unter der Mitarbeit des Dramaturgen Ulrich Khuon entsteht, ist 1985 im Rahmen des *1. Meersburger Theatersommers* mit dreizehn ausverkaufen Aufführungen ein regelrechter Publikumsrenner. Die Kritik bemerkt jedoch, dass dem Stück jene Kommentare fehlen, die den Äußerungen der Protagonisten in der Novelle einen doppelten Boden geben. Die andere Seite der Medaille: Durch die abwesende Erzählerstimme kommen die Frauenfiguren im Stück stärker zur Geltung als in der Novelle. Zudem fehlen dramatische Szenen wie das Einfangen des Pferdes und der Kampf auf dem Segelboot, da das Stück in der Ferienwohnung der Halms spielt. Auf der Basis der Theaterfassung schreibt Walser die Novelle fürs Radio um. Das Hörspiel, bei dem Walser selbst Regie führt, strahlt der Bayerische Rundfunk am 17. März 1986 aus. Gut eine Woche später bringt die ARD eine Fernsehfassung der Novelle, die an Originalschauplätzen am Bodensee aufgenommen wurde. Unter der Regie von Peter Beauvais hat Walser gemeinsam mit dem DDR-Schriftsteller Ulrich Plenzdorf am Drehbuch gearbeitet. Der Film findet ein sehr unterschiedliches Echo. Wertet die *Neue Zürcher Zeitung* die Arbeit von Beauvais als »künstlerisches Fiasko«, bei der Walsers Novelle »bis zur Unkenntlichkeit verstümmelt und in einer lächerlichen Weise trivialisiert erscheint«, so lobt *Die Zeit* die »Beschreibung eines

Kampfes« zweier Paare als »ausgesprochen gelungene Filmfassung eines schwierigen Textes«. Unter dem Strich geht Walsers Novelle bei aller gelegentlichen Kritik an den Zweit- und Drittverwertungen unbeschadet hervor, was den Rang dieses Werks nochmals bekräftigt. Eine weitere Episode im Leben des Studienrats Helmut Halm verfolgt Walser in seinem Roman *Brandung*.

9. Checkliste

Zu Kapitel 1 (Erstinformation zum Werk)

1. Inwiefern erzählt *Ein fliehendes Pferd* mehr als eine harmlose Feriengeschichte zweier Paare?
2. Welche Rolle spielt das gesellschaftliche Leistungsideal für Helmut Halm und Klaus Buch?

Zu Kapitel 2 (Inhalt)

3. Wie lassen sich die beiden männlichen Hauptfiguren in Stichworten charakterisieren?
4. Wie wird das Ehepaar Halm in die Novelle eingeführt? Und was macht ihr Verhältnis zur Vermieterfamilie, den Zürns, aus?
5. Was verbindet Helmut Halm mit Klaus Buch? Wie unterscheiden sich beide Paare voneinander?
6. Welche Rolle spielt Helmuts Brief, den er nie an Klaus abschickt?
7. Wie steht Helmut zu den Jugenderinnerungen, mit denen ihn Klaus konfrontiert?
8. Was erhofft sich Klaus bei der waghalsigen Bootspartie vom Kontakt zu Helmut?
9. In welchem Licht erscheint Klaus Buch im Schlusskapitel aus der Sicht seiner deprimierten Frau?
10. Was ändert sich für die Akteure nach der Katastrophe auf dem Bodensee?

Zu Kapitel 3 (Figuren)

11. Inwiefern können Helmut Halm und Klaus Buch beide als Rollenspieler auf der Bühne des Lebens gelten?
12. Was folgt aus der Tatsache, dass Helmut Halm der Erzähler der Novelle ist? Warum erzählt er in der dritten Person?
13. Wie lässt sich die Kreisstruktur der Novelle interpretieren?
14. Was ist Helmut Halms »Lieblingsvorstellung« – und warum liebt er sie?
15. Wie steht Klaus Buch zur Arbeit und zu kleinbürgerlichem Verhalten?
16. Was charakterisiert die Frauenfiguren? Was unterscheidet sie voneinander?

Zu Kapitel 4 (Komposition)

17. Was macht die Gattung Novelle aus? Was reizt Walser an dieser traditionsreichen literarischen Form?
18. In welchem Verhältnis stehen erzählte Zeit und Erzählzeit im Laufe der Novelle?
19. Wie verläuft die Spannungskurve der Novelle?
20. Inwiefern passt das Kierkegaard-Motto zum Erzählprogramm Helmut Halms?
21. Welche Rolle spielt das *Plötzliche* in der Novelle?

Zu Kapitel 6 (Interpretation)

22. Welche Bedeutung hat Walsers Biografie für die Entstehung der Novelle?
23. Was ist eine Midlife-Crisis, und welchen Stellenwert hat

das Thema in den 70er-Jahren? Was bedeutet es für die männlichen Protagonisten?

24. Welche dramaturgische Funktion übernehmen die Frauen in der Novelle?
25. Inwiefern spiegelt der Bodensee im achten Kapitel der Novelle die Lebenssituation von Helmut Halm und Klaus Buch wieder?
26. Was unterscheidet den Schluss von den vorangehenden Kapiteln?
27. Was ist vor dem Hintergrund des letzten Kapitels zum Thema Sieger und Besiegte zu sagen?
28. Was bedeutet das fliehende Pferd als Leitmotiv in Hinblick auf die Lebensstrategien der männlichen Figuren?
29. Inwiefern ist Helmut Halms Erzählen als beredtes Schweigen, als Verbergen zu deuten?
30. Warum passt Kierkegaard als Philosoph besser zu Helmut Halm als Nietzsche?
31. Was leistet die Ironie für Helmut Halm als Erzähler?
32. Inwiefern ist Walsers Novelle als Grenzgang zwischen *Neuer Subjektivität* und *engagierter Literatur* zu verstehen?

Zu Kapitel 7 (Autor und Zeit)

33. Welche Rolle spielt die Literatur in Walsers Jugend? Und wann eckt er zum ersten Mal mit seiner Schreibleidenschaft an?
34. Welchen Stellenwert hat der Journalismus in Walsers beruflichem Werdegang?
35. Wie stellt Walser Kontakt zur »Gruppe 47« her? Und was nützt ihm dieser Kontakt für seinen Weg als Schriftsteller?

36. Welches Verhältnis hat Walser zu Siegfried Unseld? Und wie entwickelt sich diese persönliche Beziehung über die Jahre?
37. Welche Rolle spielt in Walsers schriftstellerischer Entwicklung *Ein fliehendes Pferd*?
38. Warum löst Walsers Paulskirchen-Rede einen Skandal aus?

Zu Kapitel 8 (Rezeption)

39. Wie wird Walsers Novelle von der Literaturkritik aufgenommen?
40. Wie und mit welchem Erfolg verwertet Walser *Ein fliehendes Pferd* für andere Medien?

10. Lektüretipps/ Medienempfehlungen

Textausgaben

Die Erstausgabe von *Ein fliehendes Pferd* erschien 1978 bei Suhrkamp. Zitiert wird im vorliegenden Band nach:

Walser, Martin: Ein fliehendes Pferd. Novelle. Frankfurt a. M.: Suhrkamp [26]2004. (st. 600.)

Eine gute Alternative dazu ist die kommentierte Ausgabe der Suhrkamp BasisBibliothek:

Walser, Martin: Ein fliehendes Pferd. Mit einem Kommentar von Helmuth Kiesel. Frankfurt a. M. 2002. (Suhrkamp BasisBibliothek. 35.)

Einige Jahre später hat Walser die Novelle für die Bühne eingerichtet:

Walser, Martin: Ein fliehendes Pferd. Theaterstück. Mitarbeit Ulrich Khuon. Frankfurt a. M. 1985. (edition suhrkamp 1383. NF 383.)

Zu *Ein fliehendes Pferd*

Eine sachkundige Interpretation mit Materialien und Unterrichtshilfen liefert der Band Strucks. Einen überblickartigen Zugang vermitteln die Lektürehilfen von Nordmann und Zimmer.

Nordmann, Elmar: Erläuterungen zu Martin Walser: Ein fliehendes Pferd. Hollfeld [2]2005. (Königs Erläuterungen und Materialien. 376.)

Struck, Hans-Erich: Martin Walser: Ein fliehendes Pferd. München [2]2002. (Oldenbourg Interpretationen. 27.)

Zimmer, Michael: Martin Walser: Ein fliehendes Pferd. Interpretationen und methodisch-didaktische Hinweise für den Deutschunterricht. Hollfeld 2000. (Analysen und Reflexionen. 86.)

Fassungen für Theater, Fernsehen und Hörfunk

Ein fliehendes Pferd. Theaterstück. Regie: Ulrich Khuon. Theaterfassung: Ulrich Khuon / Martin Walser. Meersburg, 19. Juli 1985. Buchausgabe: s. Textausgaben.

Ein fliehendes Pferd. Hörspiel. Regie und Drehbuch: Martin Walser. Bayerischer Rundfunk, 17. März 1986.

Ein fliehendes Pferd. Fernsehfilm. Regie: Peter Beauvais. Drehbuch: Peter Beauvais / Ulrich Plenzdorf / Martin Walser. Westdeutscher Rundfunk, ARD, 26. März 1986.

Zu Leben und Werk

Maßgeblich und umfassend orientiert Magenau auf gut 600 Seiten über Leben und Werk Walsers. Ergänzend sind die Bände von Fetz, Waine sowie der regelmäßig aktualisierte Lexikonbeitrag von Siblewski/Töteberg hinzuzuziehen. Aktuelles Schrifttum über Walser findet sich bei Lorenz. Weiteres Material sowie Gespräche mit Walser bieten die

Bände von Arnold, Siblewski und Weiss. Das literaturpolitische Engagement und den streitbaren Walser dokumentiert exemplarisch der Band Schirrmachers.

Arnold, Heinz Ludwig (Hrsg.): Text + Kritik. Bd. 41/42: Martin Walser. München [3]2000.

Barsch, Frank: Ansichten einer Figur: Die Darstellung der Intellektuellen in Martin Walsers Prosa. Heidelberg 2000.

Deboeser, Ellen / Ingrid Gubo / Michaela Scholz: Von der Idee bis zur Kritik. Stationen der Fernsehfilmadaption der Novelle *Ein fliehendes Pferd* von Martin Walser. Essen 1988. (Theater, Film und Fernsehen in der Blauen Eule. 4.)

Fetz, Gerald A.: Martin Walser. Stuttgart/Weimar 1997. (Sammlung Metzler. 299.)

Lorenz, Matthias N.: Martin Walser in Kritik und Forschung: eine Bibliographie. Bielefeld 2002.

Magenau, Jörg: Martin Walser. Eine Biographie. Reinbek bei Hamburg 2005.

Schirrmacher, Frank (Hrsg.): Die Walser-Bubis-Debatte. Eine Dokumentation. Frankfurt a. M. 1999.

Siblewski, Klaus (Hrsg.): Martin Walser. Frankfurt a. M. 1981. (suhrkamp taschenbuch materialien. 2003.)

Siblewski, Klaus (Hrsg.): Martin Walser. Auskunft. 22 Gespräche aus 28 Jahren. Frankfurt a. M. 1991. (suhrkamp taschenbuch. 1871.)

Siblewski, Klaus / Michael Töteberg: Martin Walser. In: Kritisches Lexikon zur deutschsprachigen Gegenwartsliteratur. 72. Nlg. München 2002.

Waine, Anthony: Martin Walser. München 1980. (Autorenbücher. 18.)

Weiss, Rainer (Hrsg.): »Ich habe ein Wunschpotential«. Gespräche mit Martin Walser. Frankfurt a.M. 1998. (suhrkamp taschenbuch. 2975.)

Zur Textsorte Novelle

Die drei Titel vermitteln das einschlägige Grundwissen zur Struktur und den verschiedenen literarhistorischen Spielarten der Novelle.

Aust, Hugo: Novelle. Stuttgart [3]1999.
Schlaffer, Hannelore: Poetik der Novelle. Stuttgart/Weimar 1993.
Thomé, Horst / Winfried Wehle: Novelle. In: Reallexikon der deutschen Literaturwissenschaft. Neubearbeitung des Reallexikons der deutschen Literaturgeschichte. Gemeinsam mit Georg Braungart u.a. hrsg. von Harald Fricke. Bd. 2: Berlin / New York 2000. S. 725–731.

Anmerkungen

1 Martin Walser antwortete dem Verfasser auf die Frage, ob er die Novelle rund 25 Jahre nach ihrer Veröffentlichung noch für eine ertragreiche Lektüre halte (Fax vom 9. Juli 2004).
2 Vgl. S. 6.
3 Vgl. hierzu Horst Thomé / Winfried Wehle, »Novelle«, in: *Reallexikon der deutschen Literaturwissenschaft*, S. 725–731.
4 Otto Schönberger (Hrsg.), *Johann Peter Eckermann, Gespräche mit Goethe in den letzten Jahren seines Lebens.* Mit 48 Abb., Stuttgart 1998, S. 234.
5 Vgl. S. 51–54.
6 Klaus Siblewski (Hrsg.), *Martin Walser. Auskunft*, S. 136.
7 So Benedikt Erenz in der *Zeit* vom 21. März 1986.
8 *Kölner Stadt-Anzeiger*, 19. April 1978.
9 Vgl. Annemarie Pieper, »Sören Kierkegaard (1813–1855)«, in: Otfried Höffe (Hrsg.): *Klassiker der Philosophie*, Bd. 2, München [2]1985, S. 155–158.
10 Das Kapitel folgt weitgehend der Arbeit von Jörg Magenau, *Martin Walser. Eine Biographie*. Reinbek bei Hamburg 2005.
11 Frank Schirrmacher (Hrsg.), *Die Walser-Bubis-Debatte*, S. 13. In diesem Band ist die gesamte folgende Diskussion um Walsers Rede auf fast 700 Seiten nachzulesen.

Raum für Notizen

Lektüreschlüssel für Schüler

Andersch: *Sansibar oder der letzte Grund.* 96 S. UB 15311

J. Becker: *Jakob der Lügner.* 80 S. UB 15346

Ben Jelloun: *Les Raisins de la galère.* 80 S. UB 15381

Böll: *Die verlorene Ehre der Katharina Blum.* 66 S. UB 15364

Brecht: *Der gute Mensch von Sezuan.* 96 S. UB 15375

Brecht: *Der kaukasische Kreidekreis.* 96 S. UB 15351

Brecht: *Leben des Galilei.* 91 S. UB 15320

Brecht: *Mutter Courage.* 95 S. UB 15329

Büchner: *Dantons Tod.* 96 S. UB 15344

Büchner: *Leonce und Lena.* 96 S. UB 15319

Büchner: *Woyzeck.* 96 S. UB 15339

Camus: *L'Étranger.* 93 S. UB 15357

Döblin: *Berlin Alexanderplatz.* 89 S. UB 15317

Droste-Hülshoff: *Die Judenbuche.* 53 S. UB 15305

Dürrenmatt: *Die Physiker.* 77 S. UB 15302

Dürrenmatt: *Der Richter und sein Henker.* 88 S. UB 15374

Eichendorff: *Aus dem Leben eines Taugenichts.* 88 S. UB 15306

Fontane: *Effi Briest.* 87 S. UB 15327

Fontane: *Irrungen. Wirrungen.* 88 S. UB 15367

Fontane: *Unterm Birnbaum.* 82 S. UB 15307

Frisch: *Andorra.* 78 S. UB 15332

Frisch: *Biedermann und die Brandstifter.* 84 S. UB 15330

Frisch: *Homo faber*. 87 S. UB 15303

Goethe: *Faust I*. 69 S. UB 15301

Goethe: *Götz von Berlichingen*. 71 S. UB 15331

Goethe: *Iphigenie auf Tauris*. 72 S. UB 15350

Goethe: *Die Leiden des jungen Werther*. 75 S. UB 15312

Gotthelf: *Die schwarze Spinne*. 79 S. UB 15336

Grass: *Im Krebsgang*. 96 S. UB 15338

Grass: *Katz und Maus*. 79 S. UB 15304

Hauptmann: *Bahnwärter Thiel*. 70 S. UB 15314

Hauptmann: *Die Weber*. 91. S. UB 15368

Hebbel: *Maria Magdalena*. 83 S. UB 15361

Heine: *Deutschland. Ein Wintermärchen*. 79 S. UB 15325

Hesse: *Unterm Rad*. 96 S. UB 15340

E.T.A. Hoffmann: *Das Fräulein von Scuderi*. 74 S. UB 15321

E.T.A. Hoffmann: *Der goldne Topf*. 74 S. UB 15326

E.T.A. Hoffmann: *Der Sandmann*. 72 S. UB 15354

Hornby: *About a Boy*. 56 S. UB 15378

Horváth: *Jugend ohne Gott*. 92 S. UB 15369

Huxley: *Brave New World. Schöne neue Welt*. 79 S. UB 15366

Ibsen: *Nora (Ein Puppenheim)*. 80 S. UB 15360

Kafka: *Der Proceß*. 96 S. UB 15371

Kafka: *Die Verwandlung*. 94 S. UB 15342

Keller: *Kleider machen Leute*. 87 S. UB 15313

Keller: *Romeo und Julia auf dem Dorfe*. 87 S. UB 15324

Kleist: *Das Erdbeben in Chili*. 79 S. UB 15322

Kleist: *Die Marquise von O…* 88 S. UB 15379

Kleist: *Michael Kohlhaas*. 79 S. UB 15334

Kleist: *Der zerbrochne Krug*. 85 S. UB 15333

Lessing: *Emilia Galotti*. 93 S. UB 15318

Lessing: *Minna von Barnhelm*. 60 S. UB 15323

Lessing: *Nathan der Weise*. 96 S. UB 15316

H. Mann: *Der Untertan*. 90 S. UB 15363

Th. Mann: *Mario und der Zauberer*. 72 S. UB 15343

Th. Mann: *Der Tod in Venedig*. 96 S. UB 15358

Th. Mann: *Tonio Kröger*. 67 S. UB 15309

Musil: *Die Verwirrungen des Zöglings Törleß*. 96 S. UB 15345

Orwell: *1984*. 68 S. UB 15362

Rhue: *The Wave*. 62 S. UB 15355

Roth: *Hiob*. 96 S. UB 15376

Schiller: *Don Karlos*. 88 S. UB 15352

Schiller: *Die Jungfrau von Orleans*. 88 S. UB 15380

Schiller: *Kabale und Liebe*. 70 S. UB 15335

Schiller: *Maria Stuart*. 84 S. UB 15310

Schiller: *Die Räuber*. 90 S. UB 15328

Schiller: *Der Verbrecher aus verlorener Ehre*. 88 S. UB 15353

Schiller: *Wilhelm Tell*. 78 S. UB 15337

Schlink: *Der Vorleser*. 77 S. UB 15359

Schneider: *Schlafes Bruder*. 72 S. UB 15372

Shakespeare: *Romeo and Juliet*. 68 S. UB 15341

Sophokles: *Antigone*. 83 S. UB 15348

Sophokles: *König Ödipus*. 87 S. UB 15356

Storm: *Der Schimmelreiter*. 96 S. UB 15315

Süskind: *Das Parfum*. 93 S. UB 15370
Tieck: *Der blonde Eckbert*. 88 S. UB 15349
Walser: *Ein fliehendes Pferd*. 90 S. UB 15373
Wedekind: *Frühlings Erwachen*. 64 S. UB 15308
Zuckmayer: *Der Hauptmann von Köpenick*. 96 S. UB 15347
Zweig: *Schachnovelle*. 82 S. UB 15365